Hans-Adam Ritter

Ostermontag

T V Z

Hans-Adam Ritter

Ostermontag

Neun Predigten

Mit Zeichnungen von Caspar Abt

Herausgegeben von Beat Huwyler

T V Z Theologischer Verlag Zürich

Die Deutsche Bibliothek – Bibliografische Einheitsaufnahme
Die Deutsche Bibliothek verzeichnet diese Publikation in der Deutschen Nationalbibliographie; detaillierte bibliographische Daten sind im Internet über http://dnb.ddb.de abrufbar

Umschlaggestaltung
Simone Ackermann, Zürich

Druck
ROSCH-BUCH GmbH, Scheßlitz

ISBN 978-3-290-17501-6

www.tvz-verlag.ch

Inhalt

Ostermontag

Johannes 21,1–14

wie die frühlingsluft
einen grünen schimmer
über bäume und gärten legt
wehe du bis zu uns göttlicher hauch
dass sich das leben in uns auftut
und wir unsere steifheit ablegen
biegsam werden und uns strecken
und mit eigenen augen sehen
wie schön die erde ist
die verschiedenen menschen um uns
und wir unseren eigenen beitrag geben
zur gemeinsamen buntheit
amen

1

Der 88-jährige Schriftsteller Gerhard Meier hat noch einmal ein kleines Buch geschrieben, es richtet sich an seine Frau, die vor acht Jahren verstorben ist, ein Buch gemischt aus Sehnsucht und Dankbarkeit.

Und so beginnt es: Sie verbrachten Ferien im Oberengadin, machten einen Ausflug ins Bergell, sassen in Soglio im Garten des Palazzos der von Salis und lasen dort zusammen in den Druckfahnen eines Buches, die ihnen ein befreundeter Dichter geschickt hatte. Da kommt ein Schuhputzer vor, in der Stadt Split, an der Strandpromenade. Da in der kroatischen Hafenstadt keine Touristen verkehrten damals, putzt er sich mit grosser Sorgfalt die eignen Schuhe. Der Reisende, der ihn beobachtet hat, tritt zu ihm und lässt sich seine hohen Schuhe nun doch auch putzen. Mit der gebogenen Staubbürste bestreicht der den einen und den andern Schuh, dass sich die Kuppen der Zehen daran freuen. In schönen winzigen Flocken verteilt er die letzte Schuhcrème übers Leder. Er steckt die Schuhbändel in den Schuhschaft, damit sie nicht unnötig geschwärzt werden. Und wenn dann die Glanzbürsten über das Leder strichen, entstanden Töne, die zu hören waren, wenn auch nur als leise begeisternde Melodie, schreibt Meier, der die Beschreibung seines befreundeten Dichters wiedergibt. Und immer, wenn er den Schuh wechseln sollte, erklang ein hartes, kurzes Klopfen mit dem Bürstenholz auf die Kiste. Zuletzt zückte der Schuhputzer ein Glanztuch und strich zum Abschluss noch einmal über das Leder, das aufleuchtete. Der Reisende verzog sich mit dem Strahlen seiner Schuhe ins Restaurant, hielt dort die Füsse unter den Sitz und dachte noch einmal an den greisen Schuhputzer wie an einen Heiligen der Sorgsamkeit. – Gerhard Meier und seine Frau blickten von den Druckfahnen auf, atmeten den Rosenduft des Gartens, erhoben sich, er, Gerhard Meier, setzte im Weggehen seine Schuhe ganz sorgfältig auf, obwohl er wildlederne trug, die nicht glänzten.

Jetzt hoffe ich, dass Sie die glänzenden Schuhe in Split vor sich sehen und das sorgfältige Aufsetzen der Schuhe von Gerhard Meier in Soglio.

2

Die beiden Verfasser haben etwas zur Erscheinung gebracht, Schuhe, Sorgsamkeit, Glanz. Ich ziehe jetzt einen heiklen Vergleich, von dem ich aber überzeugt bin, dass er stimmt. Wenn in der Bibel die Rede ist von *Offenbarung*, dann ist so etwas gemeint: nicht Schuhe, aber wie das Göttliche Kontur gewinnt, Stärke, Glanz. Das Göttliche, das sich offenbart, macht sich einleuchtend, will etwas in uns hell machen, will an Deutlichkeit gewinnen. Wir sollten nicht wie unter Druck fragen: *Muss* ich das glauben? Sondern ich soll aufmerksam sein auf mich selbst, nachspüren, ob sich in mir nicht auch etwas auftut und erhellt.

Wir hören eine Geschichte, die zweitletzte im Johannesevangelium, eine nachösterliche Geschichte. Wir nehmen sie als Gleichnis.

Danach offenbarte sich Jesus abermals den Jüngern am See Tiberias. Er offenbarte sich aber so: Es waren beieinander Simon Petrus und Thomas, der Zwilling genannt wird, und Nathanael aus Kana in Galiläa und die Söhne des Zebedäus und zwei andere seiner Jünger. Spricht Simon Petrus zu ihnen: Ich will fischen gehen. Sie sprechen zu ihm: So wollen wir mit dir gehen. Sie gingen hinaus und stiegen in das Boot, und in dieser Nacht fingen sie nichts. Als es aber schon Morgen war, stand Jesus am Ufer, aber die Jünger wussten nicht, dass es Jesus war. Spricht Jesus zu ihnen: Kinder, habt ihr nichts zu essen? Sie antworteten ihm: Nein. Er aber sprach zu ihnen: Werft das Netz aus zur Rechten des Bootes, so werdet ihr finden. Da warfen sie es aus und konnten's nicht mehr ziehen wegen der Menge der Fische. Da spricht der Jünger, den Jesus liebhatte, zu Petrus: Es ist der Herr! Als Simon Petrus hörte, dass es der Herr war, gürtete er sich das Obergewand um, denn er war nackt, und warf sich ins Wasser. Die andern Jünger aber kamen mit dem Boot, denn sie waren nicht fern vom Land, nur etwa zweihundert Ellen, und zogen das Netz mit den Fischen. Als sie nun ans Land stiegen, sahen sie ein Kohlenfeuer und Fische darauf und Brot. Spricht Jesus zu ihnen: Bringt von den Fischen, die ihr jetzt gefangen habt! Simon Petrus stieg hinein und zog das Netz an Land, voll grosser Fische, hundertdreiundfünfzig. Und obwohl es so viele waren, zerriss doch das Netz nicht. Spricht Jesus zu ihnen: Kommt und haltet das Mahl! Niemand aber unter den Jüngern wagte, ihn zu fragen: Wer bist du? Denn sie wussten, dass es der Herr war. Da kommt Jesus und nimmt das Brot und gibt's ihnen, desgleichen auch die Fische. Das ist nun das dritte Mal, dass Jesus den Jüngern offenbart wurde, nachdem er von den Toten auferstanden war.

(Lutherbibel 1984)

Wir haben gehört, der Evangelist hat die gleichnishafte Geschichte gerahmt mit dem dreifach vorkommenden Stichwort: *offenbaren.*

3

Eine Gruppe von Menschen ist zusammen, Petrus unter ihnen, er sagt, er gehe fischen. Die andern schliessen sich ihm an, es klingt so, als hätten sie nichts Besseres zu tun, als folgten sie bloss der erstbesten Möglichkeit. Sie steigen ins Boot. Sie fangen nichts in dieser Nacht. See, Nacht, Leere. Der See von Tiberias ist der See Gennesaret, auf hebräisch heisst er Kinneret, das heisst: Gennesaret ist kein Ort, sondern der Name des Sees, wie Léman, im Neuen Testament wird er oft «Meer» genannt und hier in diesem Kapitel auch – also: Leere, Nacht und Meer, es wird keineswegs ein liebliches Bild heraufbeschworen, sondern ein unheimliches.

Sie haben zu Petrus gesagt: *So wollen wir mit dir gehen.* Sie sind unselbständig, wie von aussen gelenkt.

Kennen wir das etwa nicht? Wie viel in deinem Leben ist von aussen gelenkt, du machst mit, aber du hast dich nicht wirklich von dir aus dafür entschlossen, du lässt dich nur mitziehen? Und, das ist mein Eindruck, diese Aussenlenkung hat zugenommen. Ich meine jetzt nicht, das komme aus einer überhandnehmenden Willenlosigkeit und Abneigung, sich zu entscheiden. Die berufliche Situation für die Jungen oder für die im mittleren Alter ist doch so, dass die Abhängigkeit zugenommen hat, die Zwänge, die Anforderungen, das Tempo. Und es geht ja noch gut, wenn das wirtschaftlich funktioniert und der Betrieb blüht. Aber viele kennen das Gefühl der hier genannten Männer: dass sie selbst ohne Ertrag bleiben. Vielleicht bekommen sie ihren Lohn und haben ihr Auskommen, aber sie bleiben unbefriedigt, irgendwie leer.

Ich will damit darauf hinweisen, dass es manchmal über unsere Kräfte geht, dass man die Entschlussschwachen nicht schlecht machen soll, es liegt nicht immer am eigenen Willen oder am fehlenden Charakter. So oder so, man steht nicht gut.

Am andern Morgen steht unerkannt Jesus am Ufer und ruft zu ihnen hinüber: *Kinder, habt ihr nichts zu essen? Sie antworten ihm: Nein.*

Das ist der bittere Augenblick, da man sich und andern Rechenschaft geben muss, wie es steht: Leere, ohne Ertrag, echolos, bedürftig.

Dieser Tiefpunkt ist auch ein Wendepunkt. Wo man sich die eigene Lage eingesteht, wird es zwar einen Augenblick härter und kälter, als wenn man bloss weiter abwartete und vage auf etwas hoffte, was sich nicht zeigen will. Aber das Eingeständnis und das Fühlen der Kälte können auch aufrütteln oder etwas auftun, eine Wahrnehmung wecken, die vorher taub war.

4

Werft das Netz rechts aus, so werdet ihr finden. Das ist die Stimme Jesu. Die Männer werden nicht aufgefordert, etwas ganz anderes zu tun als das, was sie recht und schlecht begonnen haben. Sie werden nur aufgefordert, es anders zu tun. Dasselbe anders, anders, rechts, nach der rechten Seite des Bootes. Das wird heissen, nicht wie es grad kommt, unbewusst, sondern mit klarem Bewusstsein, entschieden.

Und sie erfahren, dass die Fortsetzung dessen, was sie erfolglos angefangen haben, nicht weitern Misserfolg bringt, wie wir oft denken und darum mutlos die Hände sinken lassen, sondern sie fangen Fische. Viele.

In zwei Bildern wird das festgehalten. *Sie konnten das Netz nicht mehr ziehen wegen der Menge der Fische.* Und später hören wir, dass es *hundertdreiundfünfzig Fische* waren, *grosse Fische.* Wieso gerade hundertdreiundfünfzig? Darüber haben viele nachgedacht. Wahrscheinlich soll das einfach bedeuten: Das Ergebnis war zählbar, ein sichtbarer Ertrag, kein Wunder im Märchensinn, sodass sie nie mehr zum Fischen gehen mussten, aber sie bekamen auf dem Markt einen guten Erlös. Oder wenn es nicht so krämerisch gemeint ist, sondern gleichnishaft: Die Männer sind nicht in eine andere Welt versetzt, sondern in der, die sie gewohnt sind, stehen sie anders da, gut da.

Gegen Ende der Geschichte hören wir, dass Jesus seine Leute zum Mahl lädt, die Geschichte läuft aus in eine Bewirtung, in eine Kommunion, ein Abendmahl. Denn Arbeit und Verdienst und Erfolg sind nicht das Ziel von allem. Am Schluss die Einladung. Was aber umgekehrt der Arbeit der Männer nichts wegnimmt. Es wird hier, wie sonst Manager sagen, gezeigt, was Synergien sind. Die Jünger sahen schon am Land ein Kohlenfeuer und darauf Fische und Brot. *Spricht Jesus zu ihnen: Bringt von den Fischen, die ihr gefangen habt!* Jesu Fische und die von den Jüngern eben gefangenen Fische werden zusammengelegt, so dass das Mahl beides ist, eine Einladung, eine Gabe *und* eine Würdigung ihres eigenen Beitrags.

Das gemeinsame Mahl krönt die Geschichte; vorher wird dargestellt, wie die Einzelnen auf Jesus reagieren, verschieden nämlich, individuell, damit wir lernen, es gebe nicht die eine und einheitliche Antwort auf die göttliche Gegenwart, ein einheitliches Muster, sondern eine ökumenische Vielfalt:

› Der feinfühlige Lieblingsjünger kommt als erster darauf, in der Wende aus der Enttäuschung zum neuen Beginn Jesus zu erkennen.

› *Als Simon Petrus hörte, dass es der Herr war, gürtete er sich das Obergewand um … und warf sich ins Wasser.* Er stürzt entschieden auf Jesus zu, nicht blindlings, sondern er macht sich noch sozusagen zurecht dafür.

› Von den übrigen heisst es: *Niemand … wagte ihn zu fragen: Wer bist du? Denn sie wussten, dass es der Herr war.* Es herrscht ein wunderbares Einverständnis, keine plumpe Vereinnahmung, kein Herausposaunen, sie geben sich still der erfüllten Gegenwart hin.

5

Wir haben gehört: *Sie wussten, dass es der Herr war.*

Um dieses zunehmende Wissen geht es. Und ich unterstreiche für alle die, welche mit dem Wort «glauben» manchmal ihre Mühe haben, dass die Bibel Glaube und Wissen nicht entgegensetzt. Ich sage für meinen Naturwissenschafter-Freund, der sich mit der Religion ein wenig schwertut, dass es doch im Leben wirklich verschiedene Sorten von «wissen» gibt und wir in der Religion uns nicht auf das unsicher oder fordernd klingende «glauben» stützen müssen. Der Freund hat gesagt, entweder man wisse oder man wisse nicht, ihm ist das Werweissen, das Hin und Her, zuwider. Aber es geht im Leben natürlich nicht zu wie in einer mathematischen Formel, entweder stimmt sie, oder sie ist falsch. Es gibt Gewissheiten verschiedener Art. Unsere

Geschichte erzählt vom Herumtappen und wie es zur Wachheit kommt, zum Handeln, und wie dabei Klarheit entsteht und zunimmt.

Wir haben ein Gotteswissen. Wenn es sich verdeutlicht, stehen wir gut im Leben. Wie die beiden Männer, von denen wir zuerst hörten, der eine mit glänzenden Schuhen, der andere, ergriffen von der Geschichte, nahm sorgfältig Schritt für Schritt, sie tappten nicht, sondern setzten ihre Schritte bewusst, waren gut zu Fuss.

gerne wären wir gute menschen
gut und gerade
unbekümmert warm und schlicht
warum geht das nicht wie von selbst?
und wir sind bekümmert
oder frostig?
so wie es uns selbst gar nicht gefällt
kompliziert statt schlicht
hilf uns da heraus
gib uns eine helligkeit ins herz
damit wir nicht durch unsere tage schleichen
lass uns gehen
schritt für schritt
sorgfältig
mit klarem kopf
das herz wach
du gottheit mit uns
wenn wir absinken
oder uns verwickeln
stell dich in den weg

halt uns an
damit wir nochmals anfangen
aufgeschreckt aber wach
die augen offen für deine helle
amen

Aus der Schwäche wird die Stärke geboren

Johannes 21,15–19

Als sie nun Mahl gehalten, sagt Jesus zu Simon Petrus: Simon, Sohn des Johannes, liebst du mich mehr als diese? Sagt er zu ihm: Ja, Herr! Du weisst, dass ich dir Freund bin. Sagt er zu ihm: Hüte meine Lämmer! Abermals sagt er zu ihm, das zweite Mal: Simon, Sohn des Johannes, liebst du mich? Sagt er zu ihm: Ja, Herr! Du weisst, dass ich dir Freund bin. Sagt er zu ihm: Weide meine Schafe! Sagt er zu ihm das dritte Mal: Simon, Sohn des Johannes, bist du mir Freund? Betrübt ward Perus, dass er zum dritten Mal zu ihm gesprochen hatte: Bist du mir Freund? Da sagt er zu ihm: Herr, alles weisst du. Du erkennst doch, dass ich dir Freund bin. Sagt Jesus zu ihm: Hüte meine Schafe! Wahr, ja wahr ists, ich sage dir: Als du jünger warst, hast du dich selbst gegürtet und gingst den Weg, wohin du wolltest. Doch wenn du alt geworden bist, wirst du deine Hände ausstrecken und ein anderer wird dich gürten und führen, wohin du nicht willst. Das aber sprach er, um ein Zeichen zu geben, durch welchen Tod er Gott verherrlichen werde. Und als er das gesprochen, sagte er zu ihm: Folge mir!

(Fridolin Stier)

1

Liebe Gemeinde, ich halte Ihnen hintereinander zwei Predigten heute. Ich fasse, was ich im heutigen Bibeltext zu hören glaube, zusammen in zwei verschiedenen Bildern, einem alten Bild und einem neuen. Das alte Bild ist das vom guten Hirten, das neue: die bösen Mädchen.

Das Bild vom guten Hirten ist uns vertraut, fast zu sehr vertraut, ein bisschen kitschig auch und altmodisch. Trotzdem enthält das Bild immer noch eine Faszination für uns. Wir begegnen in den Bergen oder im Süden einer Schafherde, sehen das lebendige Durcheinander und fühlen uns angeregt. Wir mustern den Hirten, vielleicht nur verstohlen, weil wir uns nicht neugierig oder indiskret zeigen wollen: Ist er jung, wild aussehend, mit glänzenden Augen? Oder alt, abgeschabt oder weise, gezeichnet vom Leben, aufrecht oder ein wenig abwesend? Etwas Sagenhaftes, Schönes rührt uns an, eine urtümliche Kraft.

Anfang Woche telefonierte mir eine unbekannte junge Frau, sie wusste, sie spricht mit einem Pfarrer, sie sagte etwas von meinen Schäfchen, sie meinte die Gemeindemitglieder. Ich kann das nicht ausstehen, wenn jemand von den Schäfchen redet.

2

Der bekannteste Psalm fängt an: *Der Herr ist mein Hirte.* Wenn ich ihn höre, spüre ich wieder die zwei verschiedenen Empfindungen gleichzeitig: Das ist alt und altväterisch und etwas abgebraucht. Aber eben doch auch stark, tief, berührend. Im vorgelesenen Bibelabschnitt haben wir gehört, dass Petrus zum Hirten eingesetzt wird. Ich sehe Petrus weniger als Apostel und Chef und mehr als Beispiel. Er folgt Jesus nach und soll in dieser Nachfolge etwas realisieren, das uns auch aufgegeben ist. Er wird ein Hirte sein – und wir sind auch dazu bestimmt, Hirten zu werden, Nachfolger Jesu, Vertreter des göttlichen guten Hirten. Wir werden als Männer und Frauen den Psalm vom guten Hirten in unser Leben einzeichnen. Am besten leuchtet Ihnen das ein, wenn wir an die Eltern der getauften Kinder denken. Sie haben zusammen mit den Paten eine Hirtenaufgabe für ihre Kinder.

Sie werden dazu schauen, dass Annina und Nicolas *nichts mangelt. Sie weiden sie auf einer grünen Aue.* Übers Jahr werden sie wie junge Kälbchen oder Schäfchen über eine Wiese hüpfen. Später werden sie es lieben, am Wasser zu spielen. Aue und frisches Wasser sind im Psalm bildlich gemeint und deuten auf Erholung, *Erquickung,* ein Versorgtwerden, das über das bitter Notwendige hinausgeht und das Gefühl von Fülle vermittelt, von Glück.

Wir haben die Kinder getauft, weil wir wollen, dass sie *auf rechter Strasse geführt werden,* nicht in Sackgassen, nicht auf Abwege kommen. Wir vertrauen sie Gott an und halten uns gleichzeitig selbst bereit, für sie da zu sein, wenn sie in ihrem Kinderleben oder später *an ein dunkles Tal* kommen, wenn sie sorgenvoll oder ängstlich den Schritt anhalten, da lieber nicht weiter möchten, aber sie wissen oder wir wissen, sie müssen da durch. Wir wollen, dass sie nicht wehrlos gehen müssen, sich nicht jagen lassen. Sie sollen *einen Stecken haben, eine Stütze* für den schwierigen Weg, dass sie aufrecht die finstere Passage durchschreiten.

Das Haupt mit Öl salben, etwas Wohlriechendes eingerieben bekommen, *den Becher voll eingeschenkt* empfangen, das sind Bilder für Lebensgenuss. Doch beschreibt der Psalm kein Schlaraffenland. Wir hören: *Du deckst mir den Tisch im Angesicht meiner Feinde* – denn nicht dies ist ein realistisches Glück, ungetrübte Harmonie zu erfahren, wir müssen im Lauf des Lebens lernen, Widerspruch, Spannungen auszuhalten, Feinde und Feindliches. Wir halten ein Nein aus und bleiben beschirmt.

Ich habe immer von einem Hirten gesprochen und nicht von einer Hirtin. Das Bild stammt ja auch aus patriarchalischen Zeiten. Aber ich meine, es sei nicht schwer, das auf Frauen zu beziehen und eine Hirtinnenrolle auszumalen. Wir könnten ja auch von der Vater- und Mutterrolle reden, aber das Hirtenbild weitet das Familiäre, es bleibt nicht beschränkt aufs Häusliche.

Manche Leute meinen, die Kirche wäre dazu da, den Egoismus zu bekämpfen, Nächstenliebe zu predigen und zu üben. Die Aufgabe ist aber stärker, tiefer, überzeugender, wenn wir sagen: Wir wollen miteinander in dies Hirtenbild hineinwachsen. Wir sind aufgerufen zu leiten, zu führen. Uns um die Gemeinschaft zu kümmern. Dieses Starke und Souveräne, das Bestimmende und Gestaltende gehört in unser Leben. Das ist nicht eine Machtausübung zur Befriedigung eines Geltungsdranges. Aber es ist sehr wohl immer einmal wieder im Leben nötig, dass wir unsere Macht zeigen, unsere

Initiative, unsere Gestaltungskraft. Es tut denen um uns gut und tut uns selbst gut, wo wir unserem inneren Bild von uns als Hirte oder Hirtin folgen können. Übrigens ist im Hirtenbild mitgedacht: Der Hirt ist nicht der Herdenbesitzer. Die Tiere sind ihm für eine Saison anvertraut.

3

Ein guter Mensch zu sein ist out, bös sein ist in. Eine Psychologin hat einen Bestseller geschrieben, der Titel heisst: «Gute Mädchen kommen in den Himmel, böse überallhin». Mit Recht denken wir, dass wir lieber nicht nur in den Himmel, sondern überallhin kommen wollen.

Vorgestern fand ich ein ganzseitiges schönes Inserat für ein Modegeschäft. Der Slogan lautet: «Gute Mädchen gibt es genug». Fotografiert ist ein Mädchen, dem die dunkelblonden Haarsträhnen ins Gesicht fallen, zusätzlich verdeckt eine Sonnenbrille die Augen, ihre Lippen sind dunkel geschminkt, sie zeigt nackte Arme und steckt in einem schwarzen Hosenanzug mit feinen grünen Streifen. Hinreissend.

Böse Mädchen sind interessanter, lebendiger als brave Mädchen. Böse Buben auch. Nun bekomme ich das nicht so flott hin mit Petrus als einem bösen Buben wie die Werbeagentur ihr Model mit dem Hosenanzug, der etwas interessant Böses suggeriert. Aber unsere Passage deutet auch auf etwas Hintergründiges. Jesus fragt Petrus dreimal, ob er ihn liebe. Die dreimalige Frage Jesu hat im Hintergrund die dreimalige Verleugnung des Petrus, sein dreimaliges: *Nein, ich kenne den Menschen nicht.* Nach dem dritten Mal *Liebst du mich? Ja, ich bin dir Freund!* ist die Verleugnung durchgearbeitet. Verschwunden ist sie nicht, so etwas verschwindet nicht einfach, aber es ist aufgehoben im: *Du weisst, dass ich dir Freund bin.* Die Liebe überwächst das Versagen. Freilich mit Tränen, jedenfalls haben wir gehört, wie betrübt Petrus wurde.

Petrus soll leiten, er soll und wird Tatkraft entfalten. Dazu wird er hier zurückgeführt auf seine schwache Stelle, auf die Angst, die er hatte, die ihn leugnen liess, dass er zu Jesus gehört. Dass er seine dunkle, böse Seite kennt, hindert ihn nicht am Leiten, sie macht ihn dazu fähiger. Die Menschen, die nicht naiv sind, die ihre eigne Dunkelheit kennen, die durch die Scham und die Trauer hindurch gegangen sind, sind befähigt, Hirte oder Hirtin zu sein.

Wenn ich der Modereklame und dem Modebuch über die bösen Mädchen ein Stück weit folgte, so geschah das, um Ihnen eingängig zu machen, dass der christliche Weg nicht die Kunst ist, dem Bösen auszuweichen, ihm zu entgehen, sondern, wenn es denn auftaucht, den Blick darauf auszuhalten, nicht erschreckt die Augen zumachen, die Trauer in Kauf nehmen, die Scham, weil die uns innerlich formen, weiten. Man sagt ein wenig banal, wir müssten aus unsern Fehlern lernen. Meistens ist bloss gemeint, dass wir sie das nächste Mal nicht mehr machen. Es ist aber mehr darin. Aus unsrer Schwäche wird unsere Stärke geboren. Da Petrus nicht ausweicht, wird der Ort der Schwäche so etwas wie sein Geburtsort.

4

Ist Ihnen vielleicht beim Zuhören aufgefallen, dass Jesus zuerst fragt: *Liebst du mich mehr als diese?* Diese Frage arbeitet mit einer Rivalität. Ich nehme an, Jesus arbeite da mit Petrus noch etwas Weiteres durch. Die Frage konfrontiert Petrus mit seiner Rivalität, mit dem Konkurrenzdenken: Bin ich besser als diese da? Beim Lieben ist aber etwas Ganzes gemeint, solange ein Mehr und Weniger mitgedacht ist, ist die Liebe vermischt mit etwas Widerstreitendem. Sie wächst aber und wächst über: «Ich bin besser!» hinaus, so wie sie auch über das «Ich bin schlechter!» hinauswächst und sich beruhigt mit «Ich habe lieb», einfach so, nicht gestuft.

5

Der Schluss des Abschnitts wirkt dunkel auf uns. *Als du jünger warst, hast du selbst die Richtung eingeschlagen, doch wenn du alt geworden bist, wirst du deine Hände ausstrecken, ein andrer wird deine Hände ergreifen und dich führen, wohin du nicht willst.* Im Satz spiegelt sich das Wissen, dass Petrus später als Märtyrer gestorben ist, wahrscheinlich in Rom. Das hat keineswegs die Bedeutung einer Drohung hier. Es ist die letzte Angleichung des Petrus an Jesus. Wenn wir den Satz in unsre eigene Erfahrung aufnehmen, dann sagt er: Das eigne Wählen der jungen Menschen ist gut. Für die älteren Menschen hört das Wählen in einem gewissen Sinn auf. Doch das ist nicht einfach ein Verlust. Es ist das gemeint, was Petrus hier gerade erlebt, dass er zurückkommt auf die Verleugnung. Wir müssen im Älterwerden nochmals auf einiges zurückkommen, damit das aufgenommen wird, was uns vielleicht schwach machte, und es wird uns stark machen. Das ist nicht eine Strafe, sondern eine Chance der zweiten Lebenshälfte.

Herr, alles weisst du. Du erkennst, dass ich dir Freund bin. Und wenn Jesus es weiss, dann weiss es auch Petrus selbst – und ich auch.

Herablassung

Markus 2,1–12

1

Liebe Gemeinde, das alte Wort «Gnade» gefällt uns nicht, wir finden es zu herablassend. Ich habe nachgesehen, woher es stammt. Wir haben vielleicht den Eindruck, es stamme aus Versailles. Der Sonnenkönig Ludwig XIV. ist der Inbegriff der Grossartigkeit und der gnädigen Herablassung. In einem schönen Film wurde Musik von Jean-Baptiste Lully gespielt, die wurde seinerzeit tatsächlich für Versailles komponiert, und ein Schauspieler trat auf als der junge Ludwig XIV., die Hoffnung Frankreichs, ein schöner Mann, der ausgezeichnet tanzen und gewinnend lächeln konnte, er tanzte in einer Art Singspiel oder langsamen Ballett die Rolle der Sonne, die alles erwärmt und wachsen lässt und überstrahlt, prächtig! Machtbewusst von Anfang an, mit der Zeit zog er die Steuerschraube an, drückte sein Land, war grausam gegen die Hugenotten, hochfahrend. Von einer so gearteten Gnade wollen wir nicht abhängig sein. Aber viele sehen Gott so, als Roi soleil.

Oder so, wie ihn Maarten 't Hart gelehrt bekommen hat. 't Hart ist ein bekannter holländischer Schriftsteller, geboren 1944, aufgewachsen in einer streng reformierten Familie, die eine Gärtnerei betrieb. Er sollte auch Gärtner werden, was ihm nicht gefiel, und deswegen hätte eine einfache Schuldbildung für ihn genügt, aber da sprach der Rektor des Gymnasiums beim Vater vor und redete so dringlich und mit Bibelsprüchen auf den Gärtnermeister ein, dass der nachgab, Maarten durfte in die höhere Schule. Der Rektor trug in der Schule seine Hauptmannsuniform. Jeder Schultag begann mit einem Psalm und dem folgenden Gebet, das der Rektor sprach – vielleicht übertreibt der Schriftsteller, weil er die Frömmigkeit seiner Herkunft ablehnt, aber nur erfunden kann das nicht sein. So klingt das:

General im Himmel!

Zu dir kommen wir am Morgen dieses Tages und erbitten Deinen Segen für unsere Arbeit.

O, Du, Oberbefehlshaber der himmlischen Heerscharen, gib uns die Kampfeslust, auch heute zu rechnen, zu schreiben und zu lesen zu Deiner Ehre.

Entzünde unseren Glauben wie Pulver in einer Kanone, die auf die Diener Satans abgefeuert wird.

Bewahre uns vor Krieg. Nicht weil wir es verdienen, sondern nur aus Gnade. Amen.

Ich habe also nachgesehen, was die sprachliche Herkunft unseres Wortes Gnade ist. Als die Missionare aus Irland ums Jahr 700 zu uns kamen, Gallus und Bonifatius und die andern: da fanden sie für das lateinische *gratia* nichts, was schon passend gewesen wäre. Sie stiessen auf ein althochdeutsches Wort: *ga-nâda*, die Grundbedeutung davon war: sich neigen, sich niederlassen, was entweder sagen sollte, sich zum Schlafen niederlegen oder sich jemandem freundlich zuneigen. Die Missionare in Süddeutschland wählten dieses Wort, in Bayern fanden sie ein anderes, das später ausser Gebrauch kam, und die Missionare in Norddeutschland versuchten es mit «Huld». Drei verschiedene Lösungen, um von der Gnade Gottes reden zu können. Wenn sie zu Beginn die Worte anprobierten wie Kleider, ist es uns heute ebenso geboten, die Worte zu erproben.

Wir hören die Geschichte von der Heilung des lahmen Mannes – und wollen anhand der Geschichte verstehen, was die Gnade mit uns macht:

Als er nach Tagen abermals nach Kafarnaum kam, ward gehört, er sei im Haus. Und viele liefen zusammen, dass auch im Torhof kein Platz mehr war. Während er das Wort zu ihnen redet, kommen und bringen sie einen Gelähmten zu ihm – von vier Mann getragen. Weil sie ihn wegen der Leute nicht zu ihm hinbringen konnten, deckten sie da, wo er war, das Dach ab und gruben ein Loch hindurch. So senken sie die Bahre, darauf der Gelähmte lag, hinunter. Als Jesus ihren Glauben sieht, sagt er zum Gelähmten: Kind, jetzt sind deine Sünden nachgelassen. Einige der Schriftgelehrten aber sassen dort und dachten in ihren Herzen: Was! So redet der! Er lästert! Wer kann Sünden nachlassen ausser einem: Gott? Gleich aber erkennt Jesus in seinem Geist, dass sie so bei sich denken, und er sagt zu ihnen: Was denkt ihr da in euren Herzen? Was ist leichter, zum Gelähmten zu sprechen: Jetzt sind deine Sünden nachgelassen, oder zu sprechen: Auf, und nimm deine Bahre und geh einher? Damit ihr aber wisst, dass der Menschensohn Vollmacht hat, auf Erden Sünden nachzulassen, sage ich dir – sagt er zum Gelähmten: Auf, nimm deine Bahre und geh nach Haus! Und der richtete sich auf und nahm gleich seine Bahre. Er ging hinaus vor aller Augen, so dass alle aus-

ser sich gerieten, Gott verherrlichten und sagten: So etwas haben wir nie gesehen!

(Fridolin Stier)

2

Jesus ist zurückgekommen nach Kafarnaum, also an den Ort, der ihm eine Zeitlang ein Zuhause war. Zuvor war er erstmals aufgetreten, hatte geredet und geheilt und war von vielen in Anspruch genommen. Zweimal wird nicht erzählt, aber erwähnt, dass er sich dazwischen zurückzog an eine einsame Stelle, um sich nicht selber zu verlieren. Und dann kommt er also hierher zu den Seinen, aber da sind viele andere, und die wollen, dass er sich ihnen zuwendet. Und diese Bedürftigkeit springt ihn an, er widmet sich diesen Menschen. Aber gerade diese vielen sind für die Freunde des Gelähmten, die ihn zu Jesus bringen wollen, ein Hindernis.

Eine Lähmung ist ein lange andauernder Zustand. Seine Freunde mussten machtlos zusehen, wie dieser Mensch dalag, unfähig zu einer Initiative, wie ihm nichts blieb, als sich zu ergeben. Das macht seine Nächsten hilflos, sie müssen zuschauen, ihn füttern, seine Not, die Ausweglosigkeit und ihre Hilflosigkeit erdulden. Bis sie das nicht mehr können oder nicht mehr wollen. Sie haben von Jesus gehört, wenn der den Kranken übernähme, wären sie ihre Ohnmacht los. Und entschlossen packen sie den Kranken, der sagt nichts, sie tragen ihn hin. Da sind ihnen die Leute im Weg, der Plan ist gefährdet, aussichtslos. Bis ihnen einfällt, den Versuch, durch die Leute hindurchzudringen, aufzugeben und einen Umweg einzuschlagen. Sie steigen mit dem Gelähmten aufs flache Dach und fangen an, ein Loch zu graben. Sie werden irgendein Gerät gehabt haben, einen Pickel vielleicht oder eine Brechstange oder bloss eine Schaufel, sie kratzen den Belag auf, sie schieben Steine zur Seite und das Flechtwerk aus Palmblättern oder Schilf, das auf die Balken gelegt ist. Sie lassen den lahmen Freund langsam durch die Öffnung hinunter, sie haben die Stelle, an der Jesus im Hauptraum des Hauses steht, oder den Türsturz, unter dem er sich befindet, leidlich gut anvisiert.

3

Diese vier, die mit einem Umweg ans Ziel gelangen, bekommt Jesus vor Augen, das springt ihn an, er ist fasziniert, er muss aktiv werden. *Als er ihren Glauben sieht,* gibt er seine entsprechende Antwort. Der Kranke hat die längste Zeit auf seiner Decke verbracht, seine Tage verlegen, immer am Rand, seinen Verlassenheitsgefühlen ausgesetzt. Es bedeutet schon einen guten Teil seiner Heilung, dass die vier mit ihm aufgestanden sind, er nicht mehr im Abseits bleiben muss, im Bereich seiner Ohnmacht, er wird ins Zentrum platziert. Da sagt Jesus sagt zu ihm, etwas überraschend für uns: *Deine Sünden sind dir nachgelassen.* Aber das versteht sich ein Stück weit fast wie von selbst: eben, dass er nicht mehr isoliert liegt, abgeschnitten und ohnmächtig, sondern sein Leid hat die vier angetrieben, sie kreativ gemacht und fantasievoll, so dass er jetzt da ist, wo er sein muss. Jesus überblickt das alles und sagt: Auch du bist erwünscht, du kannst aufwachen wie zu einem neuen Tag. Die Fesseln der Vergangenheit sind gelöst, du bist heil, was hinter dir liegt, ist durchgestrichen, aufgehoben, weggeschafft: das alles ist enthalten im Sünden-Nachlassen.

4

Aber wir sind noch gar nicht richtig mitgekommen mit der Sündenvergebung und ob sie uns einleuchte oder nicht, da haben sich die Schriftgelehrten bereits ihre Gedanken dazu gemacht. Es steht nichts davon, dass sie Jesus feindlich gesinnt gewesen wären, sie sind einfach erstaunt und wissen wie wir noch nicht, wie sie die Sache ansehen sollen. *Ob das nicht eine Lästerung ist? Kann doch allein Gott Sünden vergeben!* Jesus wird bewusst, dass ihnen solche zweifelnden Gedanken durchs Herz gehen, er wendet sich ihnen zu, er möchte, dass sie sich nicht verschliessen, er will sie gewinnen und sagt: *Der Menschensohn hat die Macht und die Freiheit, Sünden nachzulassen.*

5

Wir müssen innehalten, weil wir nicht recht wissen, was das Wort «Menschensohn», der etwas rätselhafte Titel, bedeuten soll. Jesus wird nicht selbst so von sich geredet haben, es ist Markus, der den Titel einsetzt. Jesus kam ohne Titel aus mit der Kraft seiner Taten. Aber beim Erzählen wies man ihm verschiedene Titel zu, und «Menschensohn» ist ein geheimnisvoller Titel, der freilich bald wieder ausser Gebrauch kam. Er stammt aus dem Buch Daniel.

Daniel hatte starke Angstträume und Visionen, er blickte über die Generationen der Juden, er sah Tiere aufsteigen aus dem Meer, vier, jedes schrecklich, zuerst ein Löwe, dann ein Bär, dann ein Panther, der Flügel hatte und vier Köpfe; das vierte Tier war das ärgste von allen, mit Hörnern und Auswüchsen. Die vier wie Wappentiere einer immer schlimmeren Gewaltherrschaft. Die Vision endet aber damit, dass auf den Wolken etwas wie ein Mensch herbeigefahren wird nach den Raubtieren, ein Menschensohn. Und sein Kommen bedeutet das Ende der Gewalt. Wo nicht mehr reissende Tiere, kriegsgerüstete Gewalthaber als Zeichen der Zeit gelten, sondern ein Mensch, ein weiser und sanfter Alter.

Ganz so wie dieser Menschensohn tritt Jesus auf. Und in dieser sanften Weisheit hat er die Macht, Sünden nachzulassen. Es wird aber auch gespielt mit dem Wort: Ein Menschensohn ist eben ein Mensch, einer wie wir. Einer wie wir vergibt Sünden. Jesus ist der erste, und die nach ihm kommen, lassen auch Sünden nach. *Aber das kann doch nur Gott!* sagen die Schriftgelehrten und haben recht. Ja, Sünden nachlassen ist kein etabliertes Geschäft. Dazu müssen sich diese Menschen ganz auf Gott beziehen und sich seiner schöpferischen Kraft anschliessen. Sie sehen schon das Reich Gottes kommen, Gottes Gegenwart, da alles anfängt, heil zu werden.

6

Damit ihr seht, dass die Heilung von Geist und Körper, innen und aussen beginnen kann, sage ich, sagt Jesus zum daliegenden Lahmen: *Steh auf, pack deine Decke und geh!* Und der steht auf und faltet die Decke zusammen, faltet sein verlegenes, ohnmächtiges Leben zusammen, nimmt es und geht. Und die es sehen, sind ausser sich. Und ein bisschen sind auch wir ausser uns, weil uns die Ahnung kommt, dass diese heilenden Jesuskräfte und Menschenkräfte nicht weg sind, sondern da sind und wirken, wir müssen uns ihnen anschliessen.

Aufstehen und auferstehen ist dasselbe, das gleiche Wort. Der Lahme erlebt sein Ostern. Diese österlichen Kräfte sind uns nie genommen worden, sie sind da, es wird vergeben, nachgelassen, die verlegene Zeit hört auf, ein neues Leben tut sich auf, heute, jetzt, morgen, steh auf, ergreif es. Du bist schon drin. Du betest schon: Vergib uns unsre Schuld! Und es komme dein Reich! und Gott überhört das nicht, unsere Bitten sind ihm nicht gleichgültig, er ist daran, sie umzusetzen. Mach die Augen auf, dann siehst du Menschen, die glauben, und dann geschieht etwas, nämlich, dass das Steife sich löst, das Dumpfe hell wird, das Vertane nicht mehr zählt: Du kannst wirklich aufstehen.

kraft von oben
quelle aus dem untergrund
du wind von weit her
lebendige gottmacht
wir danken dir für die gnade
für deine schöpferische und behütende kraft
und dafür was du in uns gelegt hast:
unsere fantasie und bestimmtheit
die lebenskraft
wurzelkraft
für unser vermögen alles was abgetrennt ist
wieder herzuzuholen
für die gnadenkraft in uns

für das mitgehen und mitschwingen mit dir
dass wir nicht allein sind
wie abgeschnitten
sondern uns anteil gegeben ist
an deiner kraft
wir teil werden deines fliessens
nach umwegen
spät
aber wir sind da
du hast uns erreicht
amen

7 61024

Printed in

Passen die Wörter?

Deuteronomium 32,10–11

hättest du uns nicht befreit
trügen wir immer noch schwer
hättest du uns nicht gesegnet
wäre unter unsern händen alles verdorben
wärst du uns nicht ein hirte
hätten wir uns in alle winde verlaufen
hättest du uns nicht getragen
wären wir uns unerträglich geworden
aber du gott wirkmacht
wirkst befreiend und segnend
weidend
tragend
amen

1

Lobe den Herren – *der alles so herrlich regieret?* Ist das wahr? Dürfen wir das sagen? Dorothee Sölle hat mehrfach geäussert, nach Auschwitz, nach dem Dritten Reich und allen Gräueltaten dürften wir so nicht mehr sprechen, müssten wir unseren Glauben anders ausdrücken und die Theologie revidieren. Der Choral mit der gefälligen Melodie, bei der man so schön in die Kurven liegen kann, dürfe nicht mehr gesungen werden. Wir können nicht über Gottes Regiment reden, über die Güte dieses Regiments, solange wir die Grausamkeit der Welt kennen und immer wieder vordemonstriert bekommen: durch das Seebeben, das die Strände Ostasiens verheert, durch die mörderische Trockenheit in Zentralafrika, die so viele Menschen und darunter natürlich besonders auch die Kinder tödlich bedroht, durch die Attentäter in London und Sharm el-Sheik. Und überhaupt genügt ein böser Todesfall, um uns die Zuversicht zu Gott kaputt zu schlagen.

Wenn wir laut singen *Lobe den Herren, der alles so herrlich regieret!* und meinen, es sei so, und uns auf dem Rücken des Adlers sicher fühlen, schleicht sich leicht sogar so etwas wie Selbstgefälligkeit ein. Und Religion, mit Selbstgefälligkeit vermischt, ist furchtbar. Anderseits ist auch wahr: Es gibt genug Zeitgenossen, die schlimme Welttatsachen zusammenrechnen und aus dieser Rechnung kühl herleiten, der Glaube an Gott sei unmöglich, und das tun sie nicht, weil sie das alles schmerzt, sondern sie erledigen damit die Religion. Denn so ist es für sie bequemer. Manche Vernünftige leben gemütlicher, wenn sie alle Anfragen, die die Religion an sie stellen würde, ausgeschaltet haben.

2

Das Lied ist einer der bekanntesten Choräle überhaupt. Ich möchte, dass wir uns das Bild von dem grossen Vogel ansehen, das da im Lied vorkommt. In der ursprünglichen Fassung klingt das so: *der dich auf Adelers Fittichen sicher geführet.* Ich könnte von Joachim Neander erzählen, der das Lied verfasst hat. Er hiess eigentlich Neumann, er hat nach damaliger Gelehrten-

Mode seinen Namen ins Griechische übersetzt, das ergab eben Neander. Er war ein Schulmann, er wurde mit 24 Jahren Rektor der Lateinschule der Reformierten in Düsseldorf. Er verstand es, seine Worte gut zu setzen. So einfach die Zeilen klingen, so kunstvoll sind sie angeordnet. Joachim Neander liebte die Natur, er liebte es, sich zum Schreiben draussen hinzusetzen. Sein Lieblingsplatz war eine Stelle oberhalb der Schlucht der Düssel. Das ist ein bescheidener Bach, in meinem Atlas ist er nicht verzeichnet, aber die Düssel gibt doch der Stadt Düsseldorf den Namen. Im Internet fand ich ein Foto: ein bisschen kleiner als unsere Birs und an einer Stelle auch tief eingeschnitten.

Das Bild vom Adler stammt aus dem 5. Mosebuch. Dieses fünfte Mosebuch gibt sich sonst nicht dichterisch, es redet eindringlich von der Tora, von der Lebensführung. Am Ende findet sich ein Psalm angehängt, er ist überschrieben mit «Lied des Mose». Es ist eine grosse Dichtung, hymnisch streckenweise, und darin heisst es, Israel habe sich wie ein Kind in der Einöde verlaufen, dort habe Gott es auf einmal erblickt, gefunden und versorgt.

Er fand ihn in der Steppe,
in der Wüste, wo wildes Getier heult.
Er hüllte ihn ein, gab auf ihn acht
und hütete ihn wie seinen Augenstern,
wie der Adler, der sein Nest beschützt
und über seinen Jungen schwebt,

der seine Schwingen ausbreitet, ein Junges ergreift
und es flügelschlagend davonträgt.

(Einheitsübersetzung der Heiligen Schrift)

Im Wüstenland findet er es,
in Irrsal, Heulen der Öde,
er umwirbt es, er umwartet es,
er umhegt es wie das Püppchen im Auge.
Wie ein Adler erweckt seinen Horst,
über seinen Nestlingen schwingt,
seine Flügel spreitet, eins aufnimmt,
es auf seinem Fittich trägt.

(Martin Buber – Franz Rosenzweig)

Wie der Adler. Man sagt uns, mit dem hebräischen Ausdruck sei nicht ein Adler gemeint, sondern der Geier. Die Geier waren viel häufiger. Und der Adler trat als Wappentier seinen Siegeszug erst später an, da genierte man sich für die Geier. Im alten Ägypten werden sie als stolze Vögel mit weit ausgespannten Flügeln dargestellt.

Der sein Nest beschützt, haben wir gehört, aber wörtlich heisst es eigentlich: der sein Nest *weckt, aufstört,* es kann gut sein, dass gemeint ist, der Geier wolle seine Jungen das Fliegen lehren, dazu muss er sie ein wenig aufstören.

Der über seinen Jungen schwebt. Das ist auch nicht ganz wörtlich, es ist der gleiche Ausdruck wie ganz zu Beginn der Bibel, wo wir hören: *der Geist Gottes schwebt über den Wassern,* aber genau gesagt rüttelt er, «rütteln» ist der Ausdruck für das schnelle Flügelschlagen von Raubvögeln, die in der Luft an der gleichen Stelle bleiben wollen.

Diese grossen Vögel breiten tatsächlich bei sengender Sonne die Flügel aus, um ihre Jungen zu schützen. Oder bei einem peitschenden Regenguss tun sie das ebenso. Sehen Sie das vor sich? – der mächtige Flügel ausgebreitet, die Federn ganz leicht gespreizt, du bist darunter, schaust nach oben, wie eine Zeltbahn über dir, ich stelle mir vor, das Blau des Himmels schimmere ein wenig hindurch. Oder bei Regen merke man das Abgleiten der Tropfen. Du bleibst darunter im Trockenen.

Dass dann ein Geier oder ein Adler ein Junges sich selber auf den Rücken setzt, um es an einen andern Ort zu verfrachten: das gibt es in der Natur nicht, das wird hier so gesagt, weil doch Gott sich das verirrte Israel auflädt und ins Land bringt, wo es leben kann. Weil ER eben das verirrte Israel *hütet wie seinen Augenstern.*

3

Es bezeugt Wirklichkeitssinn, wenn Israel sich selbst im Bild eines kleinen Vogels sieht. Weltpolitisch trifft das zu. Wenn man als nüchterner Betrachter das Land und seine Geschichte mustert, muss man sagen, dass Israel sich auf dem Brückenland zwischen Ägypten und dem Zweistromland im Osten, Syrien im Norden nur hat behaupten können, weil die Grossmächte gerade einmal nicht durchgriffen. Das gibt ein anderes Selbstbild als das der heutigen Siedler in Gaza oder im Westjordanland, die ein Gross-Israel aufrichten wollen. Es ist auch anders als das Bild der wehrhaften und unerschütterlichen Schweiz im Krieg, das ich in den Fünfzigerjahren in der Schule gelehrt bekommen habe.

Ist der Vergleich Israels mit einem Vogel, mit einem jungen Vogel, einem Küken so etwas wie eine Selbstverkleinerung? Man kann schon auf den Gedanken kommen. Besonders wenn es vorher geheissen hat: Gott habe sich *um Israel gekümmert wie um seinen Augenstern,* er habe das Findelkind *eingehüllt, auf es Acht gegeben, es gehütet,* da es doch vorher ausgesetzt war *in der Steppe, in der Öde, wo etwas heult,* ein Tier oder der Wind, *und man nicht aus und ein weiss.* Eine Selbstverkleinerung, eine Anwandlung von Schwäche? Wir wollen diese Schwäche nicht mutwillig heraufbeschwören, aber es handelt sich natürlich doch um eine Erfahrung von Wirklichkeit. Kinder sind solchen Ängsten ausgesetzt, aus unseren Träumen kennen wir das. Alte Menschen können so empfinden, es ist dann wie ein Schwindel, der einen ergreift. Möglicherweise geht es auch einmal einem Mächtigen so, einem, der entscheiden muss und auf einmal ein scharfes Gespür bekommt für die Grenzen, die auch ihm, gerade ihm gesetzt sind. Und das sollten wir dann doch nicht eine Anwandlung nennen. Es ist ein Gespür für die Realität, und einem Mächtigen täte es gut, das nicht rasch wegzuschieben, sondern auszuhalten, damit er nicht machtblind wird, sondern bedächtig einschätzt, was ihm aufgetragen ist, was ihm möglich ist und wo ihm Grenzen gesetzt sind.

4

Was macht es aber aus, wenn wir so von Gott reden als von einem Vogel? Kann man so reden, darf man so reden? Ist das vielleicht dichterisch, aber auch ein wenig flattrig, fast ungehörig, nicht ganz ernst? Müssen wir von der Wirklichkeit Gottes anders reden? Ich erinnere mich noch, als kühne Frauen zum ersten Mal sagten, Gott sei nicht männlich: Das wussten wir zwar irgendwie, aber es löste dann doch ein eigenartiges Gefühl aus, als sie von «ihr» sprachen, von Gott weiblich redeten. Brach da etwas ein? Sollte das einbrechen, oder war da etwas gefährdet? Nein, wir müssen das einüben.

Nur wenn wir von Gott redeten wie von einem Turm, der präzis ausgemessen ist, oder von einem göttlichen Amt, das sorgfältig reglementiert ist, wird es falsch, ganz verkehrt. Warum? Weil das die Bescheidwisser-Sprache wäre. Die Bibel redet von Gott in Gleichnissen. Zum Beispiel: *Unter Gottes Flügeln Zuflucht finden.* Ein Gleichnis ist keine Gleichung, keine Formel, ein Gleichnis ist eine winzige Geschichte, in der etwas geschieht. Wichtig sind die Tätigkeitswörter, nicht die Hauptwörter und Dingwörter. In unserem kurzen Abschnitt ist das Wort Vogel nicht das ganz Wichtige, das Wichtige sind die Tätigkeitswörter. *Finden, einhüllen, Acht geben, hüten, beschützen, über dem Nest rütteln, also flügelschlagend hinunterschauen, ausbreiten, ergreifen, tragen.*

Die am besten angemessene Weise, von Gott zu reden, ist die der Gleichnisse. Wir sollten das nicht für ein Manko halten, sondern wissen, dass alles Blockartige und Vergitterte und Vergitternde auf Gott nicht passt und sein Erscheinen stört. Die Religion ist nicht ein geistiger Besitz, sie ist eine Bewegung, eine Bewegtheit, darin wir selber sind, darin wir glauben, darein das

Göttliche spricht und wirkt, eine Kraft, von der wir nicht privat ein bisschen abzapfen, sondern in der wir ein Teil eines grösseren Ganzen werden.

Vielleicht wendet jemand ein, und er hätte recht damit, dass die Bibel Gott ja doch mit Dingwörtern, Hauptwörtern bezeichne, mit König und Hirte, und achtmal vergleicht sie ihn mit einem Vogel, oft mit Herr und selten einmal vergleicht sie ihn mit einer Mutter. Am wortreichsten für Gott ist die Bibel in den Psalmen und in ähnlichen Stücken, bei Hymnen, also bei Lobliedern, mit denen Gott gepriesen wird. Und die haben eine andere Grammatik. Nach der äusseren Grammatik mache ich das Gleiche, wenn ich sage: Dieser Tisch ist viereckig! und wenn ich sage: Gott ist König! Ich nenne ein Hauptwort, ein Subjekt und sage: Der ist so und so. Aber das erste Mal, mit dem Tisch, ist es eine Sprache der Sachlichkeit, der kühlen Feststellung. Das zweite Mal, mit Gott, ist es die Sprache, die in Beziehung treten will, die Dankbarkeit ausdrückt und Hoffnung. Der viereckige Tisch steht einfach da, alle können ihn brauchen oder wegtragen, polieren oder besudeln. Von Gott reden wir nicht als von etwas einfach Daseiendem, das wir brauchen oder wegtragen könnten, das ist ein Gegenüber, und wir sind ihm ein Gegenüber.

Dorothee Sölle hat sich dagegen gewandt, dass wir von Gott reden als von einer Gegebenheit und dass wir singen, als kennten wir die Traurigkeit der Welt nicht. Wenn wir aber wissen, dass es sich um eine andere Grammatik handelt, können wir sogar altmodische Kirchenlieder singen. Mit Singen stellen wir keine Tatsachen fest, sondern wir hoffen, dass das Besungene kommt und sich entwickelt und stark wird. Es ist nicht kühl, sondern kühn, *den Herrn zu loben.* Wir hoffen, wir setzen darauf, dass *er mächtig ist* und noch mächtiger wird und uns also herausbringt aus unserer Schwäche. Wir hoffen, wir setzen darauf, dass *er regiert,* und nicht das Geld. Das liegt noch nicht vor aller Augen, darum singen wir ja; manche, viele halten das Geld für sicherer. Aber wir wissen schon, dass es schöner wird, wenn die Macht Gottes hervorkommt und sein Reich und nicht das Geld oder sonst was. Von ihm wollen wir geführt sein wie auf Adlerflügeln, wollen ihn spüren und nicht eingebunkert werden. Er soll es sein, der uns *beschützt und aufstört und behütet und trägt.*

verschwiegene gottheit
geheimnisvoll herankommend
bedrängend nicht
auftrumpfend nicht
still
wir wenden uns zu dir
im alten vertrauen und im beständigen nichtwissen
als starke
die plötzlich eine grosse schwäche anfällt
als beunruhigte
aber aus der verlorenheit herausgeholt

wir bitten dich für unsere stadt und unser land
nicht weil wir hier besser sind als anderswo
aber weil wir hier leben
und wir uns wünschen
dass kinder und kindeskinder hier

einen guten ort vorfinden
wir bitten für die mitbürger und mitbürgerinnen
die in ein amt gewählt sind
sie haben einen wichtigen dienst zu versehen
wir bitten um frieden in diesem land
um geschwisterlichkeit
wir bitten um hoffnung für unsern kontinent
und um frieden auf der erde
ohne die andern und gegen sie
werden wir nicht glücklich

an den ausgesetzten stellen unseres lebens
in der einöde
in der verwirrung
hüte uns gott
umhülle uns
trage uns
wie denn auch wir
dein augenstern sind
amen

Liebe

Rut

Das Hohelied ist eine Sammlung von Liebesliedern. Das Mädchen sagt stolz: *Ich bin eine Blume in Scharon.* Scharon heisst die Ebene an der Küste zwischen Tel Aviv und Cäsarea, wo heute die Jaffa-Orangen wachsen. Im Altertum standen dort Eichen, da sticht eine Blume, eine Lilie oder eine Narzisse heraus. Im zweiten Lied ist die Rede von einem Weinhaus, damit ist eine Besenwirtschaft gemeint, ein Ort, wo nach der Lese der erste junge Wein ausgeschenkt wird, das Zeichen ist dasselbe wie der Besen in den badischen Rebbergen: Hinweis auf die Schenke.

Diese Liebeslieder sind mystisch verstanden worden als Bild für die Zusammengehörigkeit Gottes mit Israel oder in den altchristlichen Zeiten für die Zugehörigkeit der Kirche als Braut zum Christusbräutigam. Die grossen Mystiker, Männer und Frauen, haben die Liebessprache in eine religiöse Sprache verwandelt.

Ich bin die Narzisse des Scharon,
die Blume in den Tälern.
Wie eine Blume unter den Disteln,
so ist meine Freundin unter den Mädchen.
Wie ein Apfelbaum unter den Waldbäumen,

so ist mein Geliebter unter den Burschen.
In seinem Schatten möchte ich sitzen,
süss ist seine Frucht in meinem Gaumen.

In die Weinstube führt er mich,
und auf dem Schild über mir steht «Liebe».
Stärkt mich mit Traubenkuchen,
erquickt mich mit Äpfeln,
denn krank bin ich vor Liebe!
Sein linker Arm liegt unter meinem Kopf,
mit seinem rechten umarmt er mich.
Ich beschwöre euch, Töchter Jerusalems,
bei den Gazellen und bei den Hinden des Feldes:
Stört nicht die Liebe,
schreckt sie nicht auf,
bis sie selbst es will!

Hört! Mein Geliebter –
da kommt er!
Er springt über Berge,
hüpft über Hügel.
Mein Geliebter ist wie die Gazelle,
wie der junge Hirsch.
Schon steht er hinter der Mauer,
schaut durch das Fenster,
guckt durch das Gitter.
Mein Geliebter singt mir zu:
Steh auf, meine Freundin,
meine Schöne, und komm!
Schau doch, der Winter ist vorüber,
der Regen ist dahin, vorbei.
Die Blüten erscheinen im Land,

die Zeit des Rebschnitts ist da,
und das Gurren der Turteltaube
ist zu hören bei uns im Land.
Der Feigenbaum treibt seine Feigen,
die Reben blühen und duften.
Steh auf, meine Freundin,
meine Schöne, und komm!
Meine Taube in den felsigen Klüften,
im Versteck der Steilwand:
Lass mich dich anschauen,
lass mich deine Stimme hören!
Denn deine Stimme ist süss,
und schön siehst du aus.

Lege mich wie ein Siegel an dein Herz,
wie ein Siegel an deinen Arm!
Denn stark wie der Tod ist die Liebe,
hart wie die Unterwelt die Leidenschaft.
Ihre Brände sind Feuerbrände,
eine mächtige Flamme.
Grosse Wasser können die Liebe nicht löschen,
Ströme schwemmen sie nicht fort.
Gäbe einer Hab und Haus für die Liebe,
verachten müsste man ihn, verachten.

Hohes Lied 2,1–3.4–7.8–14; 8,6–7
(Herbert Haag – Katharina Elliger)

Als die jüdischen Gelehrten in Alexandria ihre hebräische Bibel auf Griechisch übersetzten, mussten sie sich entscheiden, welches griechische Wort sie für Liebe aussuchen wollten. Das stärkste Wort war *eros*, dann gab es noch *philia*, das war etwas wie Freundschaft.

Oder *agape*. Dieses Wort brauchen die Griechen selbst nicht oft, es bedeutet bei ihnen Gernhaben. Die Weisen umgingen das Glanzwort *eros* und entschieden sich für *agape*. Vielleicht auch weil es ein wenig ähnlich klingt wie das hebräische *ahava*, Liebe. Und Paulus folgt ihnen. Wir sollten nicht mehr, wie das lange geübt wurde, *eros* und *agape*, geschlechtliche Liebe und Nächstenliebe, gegeneinander ausspielen.

1

Ich beginne mit einem nüchternen Geschichtsbericht aus einer schwierigen Periode der jüdischen Geschichte. Kurz nach dem Jahr 600 v. Chr. hatte Nebukadnezzar, der babylonische König, Jerusalem erobern lassen. Bei der zweiten Angriffswelle wurde der Tempel angezündet, und die führenden Familien wurden aus Juda weggeführt nach Mesopotamien. Als dann der Stern der Babylonier sank und die Perser sich zu Herren des Vorderen Orients aufgeschwungen hatten unter ihrem König Kyros, da durften die Leute aus dem Exil wieder zurück. Kyros wies die Heimkehrer an, den Tempel neu zu bauen, er sicherte sogar eine finanzielle Unterstützung zu. Der Wiederaufbau der Stadt, des kleinen Landes und des Zweiten Tempels gestaltete sich mühsam. Im Jahr 515 v. Chr. konnte der Tempel eingeweiht werden. Aber die alte Blütezeit wollte nicht wiederkehren. Die persische Provinz, zu der Jerusalem gehörte, wurde von Samaria aus verwaltet. Jerusalems Stadtmauer lag immer noch in Trümmern.

Bis zwei entschlossene Judäer auftraten, Esra und Nehemia. Die waren in Persien verblieben, aber die kamen jetzt nach Jerusalem, sie wollten der Lethargie ein Ende machen. Und das gelang ihnen auch. Wir zählen jetzt ungefähr das Jahr 445. Die beiden läuten eine Restaurationszeit ein. Die Stadtmauer wird wieder aufgebaut. Jerusalem wird von Samaria abgelöst und zu einer selbständigen Provinz gemacht. Und die Tora wird von jetzt an streng befolgt werden. Alles Fremde, Modische, Eingewanderte und Angepasste wird ausgeschieden. Mischehen sind verboten. Esra verlangte sogar, dass bestehende Mischehen aufgelöst wurden. Dieser Rigorismus sicherte dem Judentum das Überleben.

Man kann das alles nachlesen in den Büchern Esra und Nehemia. Aber nicht alle fanden das gut. Und einige erzählten eine Gegengeschichte, eine wunderbare Protestgeschichte gegen die engherzige Seite dieser Restauration. Sie taten das mit einer Liebesgeschichte. Mit der Geschichte einer starken Frau. Mit der Geschichte von Rut. Ihre Geschichte kam so auch in die Bibel, nicht nur die strengen zwei.

2

Und so geht die Geschichte: Als in frühen Zeiten einmal eine Hungersnot herrschte im Land, wanderte aus Bethehem ein Mann mit seiner Frau und den beiden Söhnen weg nach Moab. So wie schon Abraham und Sara wegen der Hungersnot nach Ägypten auswanderten. Moab liegt östlich vom Toten Meer. Von Jerusalem aus sieht man die blauen Berge Moabs. In Betlehem, das heisst: Haus des Brotes, gab es nichts zu essen. Der Mann starb in der Fremde. Die Söhne heirateten moabitische Frauen, Orpa und Rut. Sie wohnten dort zehn Jahre lang. Dann starben die Söhne, ihre Namen bedeuten «krank» und «schwach». Die Mutter Naomi, das bedeutet die «Liebliche», war jetzt ohne Mann und Söhne, ganz und gar nicht lieblich. Da sie nun gehört hatte, dass es in Israel wieder Brot gebe, wanderte sie zurück, begleitet von ihren Schwiegertöchtern.

Nach einem längeren Geleit sagt Naomi zu ihren Schwiegertöchtern, sie möchten jetzt umkehren zu ihren Müttern, sie seien jung genug, wieder einen Mann zu finden. Die jungen Frauen weinen, dann kehrt Orpa zurück, aber Rut sagt zur Schwiegermutter: *Wohin du gehst, dahin gehe auch ich, und wo du bleibst, da bleibe auch ich, dein Volk ist mein Volk, und dein Gott ist mein Gott.* So zogen sie nach Betlehem. Die Stadt geriet in Bewegung ihretwegen, die Frauen in Betlehem sagten: *Ist das nicht Naomi? Und sie sagte: Nennt mich nicht Naomi, die Liebliche, nennt mich Mara, die Bittere.* In Betlehem begannen sie gerade mit der Gerstenernte, als die junge und die alte Frau ankamen.

3

Rut macht vom Recht der Armen Gebrauch, sie will auf einem Feld nachlesen, an Ähren aufsammeln, was liegen blieb. Und so geht sie auf einem grossen Feld den Schnittern hinterher. Als der Bauer kommt, fragt er seine Knechte, wer das Mädchen sei. Der Bauer heisst Boas, die Bedeutung seines Namens ist: «bei ihm Kraft». Er ist mit dem Mädchen sehr freundlich und lädt sie ein, mit den Schnittern und ihm zusammen zu essen. Er sagt mit grosser Feierlichkeit: *Der Herr, der Gott Israels, zu dem du gekommen bist, um dich unter seinen*

Flügeln zu bergen, möge für dich alles zu einem guten Ende führen.

Naomi wird ihrer Schwiegertochter erklären, dass sie auf das richtige Feld gestossen ist, auf den richtigen Bauern, Boas eben sei ein Verwandter, und er ist Löser. Mit diesem Wort ist in der Bibel (und in der Ethnologie) der nächste Verwandte bezeichnet, der eine kinderlose Witwe bei sich aufnimmt, ihr Gut erhält und sie heiratet. Der Sinn des Brauches liegt einmal im Schutz der Frau, die sonst auf sich allein gestellt wäre oder in ihre Ursprungsfamilie zurückkehren müsste, und zum andern darin, dass der Bodenbesitz der Familie zusammenbleibt.

Auf das Mähen und Einsammeln folgen das Dreschen und dann das Worfeln auf der Tenne, der festliche Abschluss der Erntearbeit. Die Tenne ist kein Gebäude, sondern ein festgestampfter Platz im Freien; wenn sich ein kleiner Luftzug erhebt, wirft man mit Gabeln oder Schaufeln das Korn in die Luft, die schweren Körner fallen hinunter, die Spreu wird ein Stück weit fort getragen. Dann schichtet man die Körner zu Haufen, um gegen Diebe sicher zu sein, schläft jemand auf dem Tennplatz. Das ist wie bei der «Sichlete» in Jeremias Gotthelfs Emmental verbunden mit einem Essen und einem kleinen Fest. Darum flüstert Naomi ihrer Rut einen Plan ein. Der kühnen jungen Frau leuchtet er ein, und so macht sie es: Nachdem Boas schön gegessen hat, legt er sich schlafen. Da geht Rut leise zu ihm und legt sich an seine Seite. Um Mitternacht schrickt der Bauer auf und findet die Schlafende und fragt, wer sie sei. Und sie sagt ihren Namen und fordert ihn auf: *Lege deine Decke über mich, du bist der Löser.*

Der Bauer ist vorsichtig (wie ein Emmentaler Bauer) und sagt: Ja, das will ich tun, aber es gibt noch einen andern, der auch verwandt ist, das will ich mit ihm klären, wenn er zurücktritt, heirate ich dich. Bleib jetzt einfach liegen. Aber er erwacht früh, weckt Rut, heisst sie, das Tuch, in dem sie schlief, auszubreiten, er schüttet als Geschenk Gerste drauf und schickt sie heim, damit sie unerkannt bleibe.

Boas sucht den andern Verwandten auf, macht die Sache öffentlich, und wie der andere verzichtet, wird die Verbindung zwischen Rut und Boas richtig. Er schläft mit ihr. Sie wird schwanger. Sie gebiert den Obed. Und es heisst, das ist der zweitletzte Satz der Geschichte: *Naomi nahm das Kind, drückte es an ihre Brust und wurde seine Wärterin.*

Und der letzte Satz: *Sie gaben ihm den Namen Obed. Er ist der Vater Isais, des Vaters Davids.* Was nicht ausgesprochen wird, aber was man denken soll: Die Fremde, die Junge aus Moab ist zur Stammmutter Davids geworden. Und darum kommt sie auch ins Matthäusevangelium, ins erste Kapitel, wo der Stammbaum Jesu aufgeführt ist.

4

Da sind Religion und Erotik zusammengegangen. Die Frau konnte alles, was sie tat, unter dem Schutz der Religion unternehmen. Sie hat sich unter Gottes Flügel begeben. Sie konnte sich trauen. Aber: sie musste sich trauen. Selbstverständlich war das alles nicht. Darum sagen die Frauen von Betlehem, das habe ich noch nicht erzählt, zu Naomi in einer Art Singsang, stelle ich mir vor: Du Glückliche! Du Liebliche! *Deine Schwiegertochter ist mehr wert als sieben Söhne!*

Von Marc Chagall gibt es eine Reihe von Zeichnungen von Rut. Oft ist sie als Halbakt dargestellt. Warum? So betont der Maler ihre Schönheit. Die Frau setzt ihre Anziehungskraft ein, sie setzt ihre Schönheit ein, sie wagt viel. Oder es ist umgekehrt: Sie wagt viel und wirkt darum so anziehend, so schön. Sie traut sich. Sie traut Gott.

gott
verwandle uns schüchterne
enttäuschte kleindenkende
dass wir uns wieder trauen
gib uns eine inspiration
mach uns kühn
du gottheit
allmacht nicht
aber reiche macht
macht der liebe
erfinderin verwandlerin
du verzauberst die liebenden
und widersprichst den lieblosen
du bist die wärme und schmilzt das erstarrte
berühre uns gott
mach die fremden einheimisch
und gib uns einheimischen augen der fremdheit
so sehen wir alles wie neu
amen

Familienbande

Markus 3,20–21.31–35

Und er kommt ins Haus. Und abermals laufen die Leute zusammen, so dass sie nicht einmal Brot essen konnten. Als die Seinen es hörten, zogen sie aus, ihn zu ergreifen; denn es hiess, er sei ausser sich geraten.

Und da kommen seine Mutter und seine Brüder. Und draussen stehend sandten sie zu ihm und liessen ihn rufen. Um ihn herum sassen Leute, und man sagte ihm: Da! Deine Mutter und deine Brüder und Schwestern draussen suchen dich. Er hebt an und sagt zu ihnen: Wer sind meine Mutter und meine Brüder? Und ringsum schaut er die im Kreis um ihn Sitzenden an und sagt: Da sind sie – meine Mutter und meine Brüder! Wer den Willen Gottes tut: Der ist mir Bruder und Schwester und Mutter.

(Fridolin Stier)

1

Und ringsum schaut er die im Kreis um ihn Sitzenden an und sagt: Da sind sie – meine Mutter und meine Brüder. Das war damals so, und das ist jetzt so: Wenn wir um Jesus sitzen, im Kreis, auf ihn blicken, ihn hören, dann sind wir seine Familie. Ein bunter Haufe, zusammengelaufen, heisst es, Leute, heisst es einfach. Was sie gemeinsam haben, sind nicht ihre Reputation, nicht ihre Herkunft, ihre Verdienste oder Fehler oder Vorzüge, nur dass sie um Jesus herum sitzen, im Kreis mit ihm.

Und das ist mein Schmerz, meine Verunsicherung, mein Mangelgefühl, dass viele nicht da sind im Kreis. Viele fehlen.

Ich hätte gern, Woody Allen wäre dabei. Sie wissen, dieser grosse Komiker und Filmemacher aus New York. Wenn ich ein Bild von ihm sehe, wird mir warm uns Herz. Solange sein Ausdruck ruhig bleibt, wirkt er souverän und gelassen; meistens ist er keineswegs ruhig, sondern ruckt und blickt aufgeregt wie ein Hahn, der zum Krähen ansetzt. Er sagt: «Ich bin felsenfest davon überzeugt, dass die Welt hart und gnadenlos ist. Und ich habe nur die schlechteste, grimmigste Vorstellung von ihr. Der grosse Trick besteht darin, sich einigermassen unversehrt durch diesen Albtraum zu mogeln. Und sich dabei ein bisschen Spass und Würde zu bewahren. Das Gesamtphänomen ist allerdings unglaublich grausam: Wir werden geboren, um ausgelöscht zu werden. Manche versuchen, diese Erkenntnis durch die Religion unter den Teppich zu kehren. Sie glauben, es gibt einen Gott, einen Papst, einen Pfarrer, der die Sache schon regeln wird. Ich finde, … wir sollten uns lieber darüber im Klaren sein, dass es ein mörderischer … Albtraum ist, gegen den wir völlig allein ankämpfen müssen.»

Oder hier näher wäre, auch sehr sympathisch, der Philosoph Hans Saner, der nicht selten für die Zeitung schreibt oder interviewt wird oder durch unser Quartier geht. Er hat gesagt: «Wenn jemand den Schritt in die religiöse Sprache nimmt, in die transzendente Sichtweise tut, habe ich eine Vorstellung davon, was er meinen könnte. Es ist bloss nicht meine Art zu reden.» Also er versteht uns. Im Interview ging es um Vergessen und Vergeben wegen der Armenier und der Türken damals und heute. Der Fragesteller redete davon, dass die Kirchen für sich in Anspruch nähmen, an Gottes Statt Sünden zu vergeben. Er spielt darauf an, dass Jesus den Jüngern zugesagt hat, was sie lösten, vergäben, das sei gelöst, und was sie bänden, bleibe gebunden. Darauf Hans Saner grob: «Das ist Geschwätz, ich wüsste nicht, woher die Kirche diese Macht hätte.» Gedruckt war sogar: hybrides Geschwätz, was ich nicht verstand, ich sah im Wörterbuch nach, es hiesse, wenn er es wirklich gesagt hat: überhebliches Geschwätz. Jesus hat aber hat so geredet und dieses Göttlich-Menschliche in eins gesetzt.

Oder der grossartige und erfolgreiche Schriftsteller Ian McEwan sagte vor kurzem, ebenfalls in einem Interview: «Wir brauchen diese ganze Metaphysik der Religionen, dieses ganze Denkgebäude nicht.»

Meine Schwägerin ist aus der Kirche ausgetreten, aber, wenn sie sich unsicher fühlt, nimmt sie die Tarotkarten hervor. Sie legt sie aus und überlegt die Botschaft. Jedenfalls hat sie das vor zehn Jahren so erzählt.

Ich gestehe, ich geniere mich auch ein bisschen, zuzugeben, dass mir das alles weh tut, dass ich so sehr möchte, diese Menschen würden meine Sicht teilen. Ich wäre gern gefestigter, so dass mir das nichts ausmachte.

2

Die Geschichte aus dem Evangelium erzählt uns, dass nicht alle Jesus verstehen und akzeptieren oder bewundern. Seine nächste Familie ist befremdet und vielleicht auch besorgt über das, was er sagt und anstellt, sie will ihn holen, zurückbinden, vielleicht schützen, sie sagen, er sei nicht ganz bei sich. Dann stossen Schriftgelehrte dazu, das habe ich nicht vorgelesen, aber das ist an der gleichen Stelle beschrieben: Schriftgelehrte extra aus Jerusalem angereist, besorgt vielleicht auch sie, entrüstet, sie verstehen ihn als Gegner, sie haben das Gefühl, er sei mit bösen Mächten befasst. Offenbar gibt es um Jesus herum Feindseligkeit, viel Distanz, Uneinigkeit. Mich stört das, ich bin ein Mensch, der lieber Frieden hat als Streit; zu streiten, Differenzen zu erkennen, Uneinigkeit zu erfahren ist so aufregend und zehrt an den Kräften und drückt auf die Laune. Offensichtlich erzählt uns Markus hier, dass es da so zugeht mit Jesus.

Martin Luther hat viele seiner Schüler im eigenen Haus gehabt, am Tisch, einige wohl auch als Untermieter, Zimmerherren, wie man früher sagte. Luthers Tischgespräche sind berühmt, und die Schüler, verschiedene von ihnen, haben viele von Luthers Aussprüchen beim Essen und nachher notiert, darum weiss man von ihnen. Luther hat gesagt: «Gott ist unbegreiflich. Christus ist unzuverstehen. Er ist unausgelernt und unbegreiflich, weil wir hier leben.» Luther bestätigt, was die Familie Jesu selbst auch sagt: In unserer Übersetzung heisst es, sie hätten gesagt, er wäre von Sinnen. Wir können auf Deutsch sagen, jemand sei ausser sich, vor Zorn, vor Freude. Das Wort, das hier steht, bedeutet: ausser sich treten, damit verwandt ist dann der Ausdruck Ekstase; wenn wir es ohne zuviel Beurteilung ausdrücken möchten, dann könnten wir zusammenfassen: er ist anders als andere, sehr anders, fremd, befremdlich. Es bleibt dabei, diese Fremdheitsseite ist da, das bekommen wir nicht weg. Und ich muss mich damit abfinden, dass viele, von denen ich möchte, sie wären hier oder anderswo um Jesus sitzend im Kreis, neugierig auf Jesus, fasziniert, liebevoll mit ihm verbunden, sich dagegen entschieden haben, sich für ihn nicht interessieren, wenigstens vorläufig nicht.

3

Die Fremdheit und der unerfüllte Wunsch nach Einigkeit ist jedoch nicht das Entscheidende. Entscheidend ist, dass Jesus uns, die um ihn herum sitzen, zu seiner Familie macht. Wir nehmen uns ja nicht so wahr. Vielleicht sind wir neugierig auf Jesus, vielleicht liebevoll mit ihm verbunden, vielleicht fasziniert, möglicherweise aber auch abgelenkt und abgestumpft, wir sind nicht sein ideales Publikum und die damals in dem Haus dort auch nicht. Aber Jesus sagt: *Das hier sind meine Mutter und meine Brüder.* In der Lutherbibel würden wir hören: *Siehe, das ist meine Mutter und das sind meine Brüder.* Das wäre wörtlicher mit dem «Siehe!», aber das klingt für uns altmodisch und seltsam. Wenn wir schreiben, könnten wir an dieser Stelle ein Ausrufezeichen setzen, ein solches Zeichen kennen die alten Sprachen nicht, aber wir hören ja das Ausrufezeichen auch nicht, es ist bloss hingedruckt. Es weist wie das «Siehe!» darauf, dass Jesus hier mit Gewicht spricht, mit Nachdruck. Er sagt etwas, was nicht sowieso alle wissen, was sie aus sich selbst auch gar nicht wissen können, diese zusammengewürfelte Gesellschaft, wenn Jesus das von ihnen zu ihnen sagt. Es ist das wie eine Entdeckung, wie eine Schöpfung, es ist kein Beschreibungssatz wie andere. Jesus deklariert das, er konstituiert das; was er sagt, das gilt jetzt: die hier und wir hier: Mutter und Brüder – eigentlich Geschwister, im Griechischen unterscheiden sich die Wörter Bruder und Schwester bloss durch einen einzigen Buchstaben am Wortende, darum heisst es nur selten Bruder und Schwester, meistens sind beide inbegriffen im Ausdruck. Das ist so etwas wie ein Schöpfungsakt, Jesus macht uns zu Geschwistern und Müttern.

4

Jesus setzt fort: *Wer den Willen Gottes erfüllt, der ist für mich Bruder und Schwester und Mutter.* Wir sind wohl geneigt, Jesus dahin zu verstehen, dass er zwar die Leute um sich liebevoll anblickt, aber ihnen jetzt doch die Bedingung hinterher nennt, unter der sie sich zur Familie zählen dürfen. Aber das ist keine nachgeschobene Bedingung, nein. Die Anwesenden erfüllen nämlich jetzt schon den Willen Gottes, der Wille Gottes besteht darin, dass wir im Kreis um Jesus herum sitzen. Manchmal wenn ein Papst gewählt ist, oder er gerade eine Jugendshow gibt oder ein aufmüpfiger Pfarrer Lärm macht, oder wenn die Kirchensteuerrechnung kommt, ist hierzulande einmal von der Kirche die Rede. Wir meinen dann den Apparat, die Institution, und nicht wenige rümpfen die Nase. Eine Freundin hat gesagt, sie käme schon zur Kirche, wenn es Einzelkabinen gäbe. Nein, Einzelkabinen gibt es nicht, und ein Büro ist die Kirche auch nicht, es ist dieser Kreis, viele solche Kreise. Wir freuen uns, dass wir in einem von denen sitzen. Wir ertragen, dass viele fehlen. Das nimmt unserer Würde, unserer Bedeutung nichts weg. Ich bitte Sie, das festzuhalten, im Herzen und im Kopf: Wir sind dieser Kreis, wir sind die Familie, Mütter, Brüder, Schwestern. Die Väterlichkeit kommt in diesem Zusammenhang allein dem oben zu.

5

Wenn wir an dem festhalten, färbt das mit der Zeit ab. Wie es eben abfärbt, wenn man zu einer guten Familie gehört. Die Kinder aus guten Familien haben einen Vorteil, und das muss nicht immer das Geld sein, das Selbstbewusstsein genügt. Das macht sie durchsetzungsfähig, sie sind erfolgsgewohnt. Steigen wir also ein in das Selbstbewusstsein, die Familie Jesu auszumachen, nicht jeder für sich allein, aber miteinander schon. Vielleicht könnten wir statt von Selbstbewusstsein auch besser von einer Gelassenheit sprechen oder von einem Stück Légerté, leger sein, leicht sein, die Leichtigkeit dieser besonderen Familie.

Und wenn ich gerade das französische Wort brauche, fällt mir ein, dass ich vor zehn Tagen nach Biel fuhr; die Züge durch den Jura nach Lausanne oder Genf, die Neigezüge sind, nicht alle, aber viele, bekannten Schweizern gewidmet, mein Zug war der Genfer Philosophin Jeanne Hersch gewidmet. Sie war mit Karl Jaspers verbunden gewesen, aber noch stärker an Politik interessiert als er, wenn ich das richtig weiss. Die hat gesagt, so stand es in meinem Abteil an die Wand geschrieben: Nous avons pas à vivre ailleurs. Nous avons à vivre ici. Wir machen gern allerhand Pläne, haben Vorstellungen, Wünsche und Ängste für morgen, aber das tut nicht gut: Wir müssen nicht anderswo leben, nicht in der Luft, nicht im Morgen, auch nicht in der Vergangenheit, wir leben *hier!* Der so traurig verstorbene Frère Roger Schutz aus Taizé hat das ähnlich gesagt: vivre l'aujourd'hui de Dieu, das Heute Gottes leben. Gegenwärtig sein, nicht besetzt, verträumt, beklommen, sondern frei und wach.

Anteil an der Familie Jesu haben: also akzeptierend alle Familienglieder annehmen – in einer Familie hat es manchmal merkwürdige Verwandte, ein bisschen verschroben oder gescheiterte Existenzen oder Nervensägen, sie gehören halt dazu –, weit sein, akzeptierend.

Jesus verwandelt diesen Haufen, verwandelt uns in seine Familie.

an die vatergüte
halten wir uns
an die vaterklarheit oben
an dich du strenger weicher vaterwille
an dich du ferner naher
da halten wir uns fest
gelegentlich
jetzt
löse uns heraus
aus unserer vergesslichkeit
aus dem was uns besetzt hält
befangen macht und sorgenvoll
löse uns aus der fremdheit
mach uns heimisch
mit jesus

mit den unsrigen
mit den menschen die uns fremd geblieben sind
heimisch
hier
heimisch in unsrer zeit
heimisch aber frei
verbunden nicht angebunden
nicht gefesselt beweglich
amen

Sich mit dem Ursprung alles Guten verbinden: Danken

Lukas 17,11–19

Und es begab sich, als er nach Jerusalem wanderte, dass er durch Samarien und Galiläa hin zog. Und als er in ein Dorf kam, begegneten ihm zehn aussätzige Männer; die standen von ferne und erhoben ihre Stimme und sprachen: Jesus, lieber Meister, erbarme dich unser! Und als er sie sah, sprach er zu ihnen: Geht hin und zeigt euch den Priestern! Und es geschah, als sie hingingen, da wurden sie rein. Einer aber unter ihnen, als er sah, dass er gesund geworden war, kehrte er um und pries Gott mit lauter Stimme und fiel nieder auf sein Angesicht zu Jesu Füssen und dankte ihm. Und das war ein Samariter. Jesus aber antwortete und sprach: Sind nicht die zehn rein geworden? Wo sind aber die neun? Hat sich sonst keiner gefunden, der wieder umkehrte, um Gott die Ehre zu geben, als nur dieser Fremde? Und er sprach zu ihm: Steh auf, geh hin; dein Glaube hat dir geholfen.

(Lutherbibel 1984)

1

Was fällt Ihnen ein zum Stichwort Dankbarkeit – dankbar sein?

Mir kommt meine Grossmutter in den Sinn, die strenge, sie legte viel Wert auf die Dankbarkeit und auf das ordentliche Dankeschönsagen. Das hat mir die Dankbarkeit ein bisschen verleidet. Und wenn meine Frau böse ist, dann sagt sie, man merke mir das immer noch an, mein Dank sei rar. Vor einer Zeit hat dann eine Frau aus dem Quartier gesagt, halb über mich, halb zu mir, Pfarrer Ritter sei ein sehr dankbarer Mensch, aber ich empfand das nicht als Anerkennung, es war für meine Ohren eine kleine Herablassung drin, ich weiss nicht, ob Sie das nachempfinden können – es gibt so ein christliches Cliché, da sind die braven Leute die ganze Zeit furchtbar dankbar, bedanken sich ausgiebig für alles, wirken unterwürfig, keineswegs selbstbewusst, fast liebedienerisch.

Denken Sie manchmal auch über die Bedeutung unserer Wörter nach? Dann ist Ihnen vielleicht auch schon einmal die Nähe zwischen danken und denken aufgefallen. Das deutsche Wort danken ist tatsächlich verwandt mit denken. Das Lexikon erklärt es so: Danken sei so etwas wie gedenken, sich an eine gute Erfahrung erinnern und diese würdigen.

Im Gottesdienst heute kommt das Thema «Danken» in allen drei Teilen vor: jetzt gerade in der Predigt, weil es um den einen Mann geht, der zurückkam zu Jesus und seine Dankbarkeit zeigte. In der Tauffeier haben wir der Dankbarkeit der Eltern gedacht und sie geteilt, ihre Dankbarkeit dafür, dass sie das Leben unversehrt weitergegeben haben und Sofia ein vollkommenes Geschöpf ist. Und im dritten Teil kommt das Thema wieder, wir feiern Abendmahl, wir halten eine Eucharistiefeier, und Eucharistie heisst nichts anderes als Dank.

2

Wir wollen uns diese Szene mit den Kranken und Jesus und den Jüngern nochmals vergegenwärtigen: Jesus ist mit den Seinen unterwegs, unterwegs schon in Richtung Jerusalem. Aber sie sind noch nicht weit gekommen, die Angabe, dass sie durch Samaria und Galiläa zogen, ist vielleicht so gar nicht richtig, sie wirkt widersinnig, wo doch der Gennesaretsee in Galiläa liegt, das sie verlassen, um über Samarien nach Judäa und Jerusalem zu gelangen. Möglicherweise sind sie noch in Galiläa, und die geografische Bezeichnung Samaria rutschte nur hinein, weil ja die Rede ist von einem Menschen, der aus Samaria stammt. Ein namenloses galiläisches Dorf, sozusagen in der hintersten Ecke des römischen Reiches: Dort stehen die Elendesten der Elenden zusammen, zehn Leute, sie leiden an Aussatz.

Was wir heute Lepra nennen, war damals in dieser Weltgegend ganz selten. Sie bezeichneten damals mit Lepra oder Aussatz alle auffälligen Hautreizungen, Flechten, Ausschläge. Man sonderte die Befallenen ab. Der Grund war nicht die Furcht vor Ansteckung, sondern die Leute ekelten sich vor derlei Abnormitäten, die Betroffenen galten als unrein. Bestimmt mutmasste man, sie hätten diese Hautunreinheiten selbst verschuldet. So waren die Aussätzigen ganz im Abseits. Das war das wirklich Schlimme an ihrer Krankheit. Sie mussten betteln, durften aber nur von weitem rufen. Möglicherweise hat man sie auch mit den Irren zusammen gehalten, in einer Hütte am Dorfrand zum Beispiel. Wenn sie genasen – das kam vor, andere waren lebenslang zu diesem Hundeleben verurteilt –, wenn sie genasen, musste ein Priester ihre Heilung attestieren. So konnten sie zurückkehren zu den Ihren, so waren sie dann wieder recht.

Die zehn rufen und schreien: *Erbarme dich!* Und Jesus ruft zurück: *Geht und zeigt euch den Priestern.* Er schickt sie so, wie sie gerade sind in ihrem jetzigen Zustand, hin zu der Stelle, die ihnen bestätigen soll, dass sie in Ordnung sind.

Auf dem Weg dahin fällt der Ausschlag ab, ihre Haut wird rein.

Einer kehrt dann zurück, preist Gott so laut, wie er vorher seine Not hinausgeschrien hat, kommt zu Jesus, senkt seinen Kopf, kniet und dankt.

Und in einer Mischung aus Trauer und Hoffnung sagt Jesus – nicht zum Mann, der da kniet, zu ihm wendet er sich am Schluss – sondern zu den Umstehenden: *Waren sie nicht zehn? Wo sind die neun?* Zehn sind heil geworden, aber bloss einer geht den Weg zurück. In der knappen Geschichte ist das der längste Abschnitt, was Jesus da sagt, zwanzig Wörter, gemischt aus Trauer und Hoffnung. Trauer darüber, dass der Grossteil die Guttat nimmt und ihres Wegs geht, als hätten sie ihre Heilung geklaut und müssten sie in Sicherheit bringen. Mit Hoffnung, denn Jesu Klage endet nicht mit einem Ausrufezeichen, er sagt das so, dass möglicherweise die neun doch noch erwartet werden, die Tür bleibt jedenfalls offen. Nur schon darum, damit die Umstehenden und also auch wir, die die Geschichte heute hören, verstehen, dass auch sie eingeladen sind, zurückzukommen zum Ursprungsort, von wo sie alles Gute her haben. Um Gott die Ehre zu geben.

Am Ende wendet Jesus sich dem Mann aus Samaria zu und sagt: *Steh auf und mach deinen Weg!* Und, um das wieder einmal zu sagen: Zwischen aufstehen und auferstehen macht Jesus keinen Unterschied, der Mann ist jetzt bereit zur Auferstehung, zu seinem Ostern jetzt. Und weil er den Weg zurückgekommen ist, dahin, wo er Gottes Macht begegnet ist, gibt ihm Jesus nun auch die volle Anerkennung, er sagt ihm, was Würdevolleres er ihm nicht sagen kann: *Dein Glaube hat dich gerettet.*

3

Ein Wort in der Geschichte kommt zweimal vor, ist also betont, nämlich: *er kehrte um.* Wir haben überlegt am Anfang, danken sei so etwas wie gedenken, sich an eine gute Erfahrung erinnern und diese würdigen. Beim Danken kommt man also auf etwas zurück. Und das ist manchmal schwer. Die Geheilten setzten sich, wenn sie zurückkämen, nochmals der beängstigenden langen Erfahrung aus, wie das war, als man sie ausschloss und mied. Das schmerzt, die Wunde ist noch ganz empfindlich, sie müssen sich ihrer Unwürdigkeit erinnern, das macht sie ihrer wiederhergestellten Würde vielleicht unsicher. Wo man zurückgeht und seinen Dank ausspricht, wird nochmals die Bedürftigkeit sichtbar, die Abhängigkeit, der eigene Mangel. Vielleicht fürchten die vormals Kranken und jetzt Gesunden das. Womöglich überkäme sie eine Wut gegen die Ihren, die sie abgedrängt haben, überkäme sie das Bedürfnis, sich zu rächen, denen etwas Böses anzutun, von denen sie Böses bekamen.

Es geht nicht immer so zu. Es kann auch schön sein zu danken, weil man so die Wohltat nochmals spürt und sie damit auch fest macht. Wer dankt, stattet nicht bloss etwas ab, gibt nicht nur etwas zurück, erhöht nicht nur den Geber, sondern gewinnt so erst richtig, was er empfing. Indem er verweist auf den Ort, woher ihm etwas zukam, macht er sich selbst auch in der Gabe und in der Beziehung fest, die vom andern Ende her eröffnet worden ist.

4

Der zu danken weiss, ist einer, der sich nicht selbst auf die Schultern klopft, der nicht selbstzufrieden lächelt. Er muss nicht hervordrängen, muss sich nicht aufdrängen, sich nicht aufspielen, muss sich nicht selber bestätigen: das wären alles Tätigkeiten, die vielleicht einmal verlockend scheinen, aber auf die Dauer ganz furchtbar anstrengend sind und einsam machen. Nein, einer oder eine, die zu danken weiss, ist entspannt und heiter. Er und sie macht sich selbst die Abhängigkeit klar von andern, aber diese Abhängigkeit ist auch eine Verbundenheit. Abhängig sein: das sollten wir nicht abschütteln, das macht uns nicht unfrei und nicht klein, das bettet uns ein; wir sind darauf angewiesen, nicht isoliert zu leben. Wir hören auf, vorzugeben, wir kämen von allein mit allem zurecht, das wäre eine Lebenslüge. Verstehen Sie, fühlen Sie: ich beschreibe damit nicht eine Enge, sondern eine Verbreiterung des Lebens.

Besinnen Sie sich, wofür Sie zu danken haben! Zählen Sie sich das doch auf!

Wenn Sie sich alles oder einiges herholen von dem, wofür Sie dankbar sind, dann haben Sie Fenster und Türen, die Fenster Ihres Lebenshauses aufgemacht, so strömt frische, belebende Luft herein, Sie riegeln sich nicht mehr ab. Wir verspüren den grossen Lebensstrom, von dem wir ein Teil sind.

5

Liebe Gemeinde, Sie sind nicht zur Kirche gekommen, um dies oder das glauben zu lernen, als Christen müssen wir nicht schwierige Dinge für wahr halten. Unsere Aufgabe ist allein, das Leben gut auszurichten und es weit zu halten, zu fühlen, dass wir nicht aus uns selbst leben, sondern das Wichtige bekommen. Und immer wenn wir danken, verbinden wir uns mit der Quelle alles Guten und mit allen, die uns guttun. Ihr Guttun, ob sie es wissen oder nicht, kommt aus der ewigen Gutheit. Und das verwandelt uns nicht in Menschen, die immer «danke! danke!» sagen, als müssten sie sich entschuldigen, dass sie überhaupt da sind. Nein, sondern wie Jesus zu dem einen, der schon zurückgekehrt ist, sagt: *dein Glaube, dein Vertrauen,* deine Ausrichtung – deine! – *hat dich gerettet.*

In der Geschichte ist es ein Fremdstämmiger, der zurückgekehrt ist. Das wird betont. Ich verstehe das für uns so: Es gibt, das ist eben schon wahr, eine Trägheit und Gewöhnung, dass uns Gutes zusteht. Wir müssen aus dieser platten Selbstverständlichkeit hinaustreten. Das ist etwas Besonderes, Auffallendes. Auszutreten aus der gewöhnlichen Plattheit, aus der gewöhnlichen Dummheit: das versetzt uns einen Augenblick lang in eine Fremdheit. Sich in der Gewöhnung auf einmal fremd zu fühlen: das tut gut, das ist wie ein farbiger Tupfer. Und Jesus wartet darauf, dass die neun ihr graues Verschwinden abbrechen und doch noch kommen und sich kenntlich machen.

wir tun uns zusammen zum beten
wir berufen uns auf alle unseren erfahrungen
kleine und wichtige
wir setzen darauf dass wir geleitet sind im leben
nicht hergeweht wie ein staubkorn
wir legen dir vor unsere bitte
um frieden
um sättigung
um gesundheit
für die vielen denen das versagt blieb
wir wollen nicht erleben dass die dämme brechen
und menschen von ihrer verzweiflung
fortgeschwemmt werden
nicht erleben wie hass neuen hass gebiert
und krankheiten die betroffenen in ängste versetzen
erbarme dich gott
wandle dein erbarmen um in menschliche stärke
in hellsicht und tatkraft
unter uns und bei vielen
amen

Keine Heilung, die nicht weh täte

Matthäus 10,34–39

Ihr sollt nicht meinen, dass ich gekommen bin, Frieden zu bringen auf die Erde. Ich bin nicht gekommen, Frieden zu bringen, sondern das Schwert. Denn ich bin gekommen, den Menschen zu entzweien mit seinem Vater und die Tochter mit ihrer Mutter und die Schwiegertochter mit ihrer Schwiegermutter. Und des Menschen Feinde werden seine eigenen Hausgenossen sein. Wer Vater oder Mutter mehr liebt als mich, der ist meiner nicht wert; und wer Sohn oder Tochter mehr liebt als mich, der ist meiner nicht wert. Und wer nicht sein Kreuz auf sich nimmt und folgt mir nach, der ist meiner nicht wert. Wer sein Leben findet, der wird's verlieren; und wer sein Leben verliert um meinetwillen, der wird's finden.

(Lutherbibel 1984)

1

Diese Sätze sind uncool. Schlechte Reklame. Mit ein bisschen Geschick könnte man das anders formulieren, einnehmender, erfolgreicher. Ich will es probieren:

Seid überzeugt, dass die Religion Zufriedenheit schafft, Gemütsruhe, sie bringt Frieden und Übereinstimmung.

Sie weckt Vertrauen, verschafft Ansehen, so kommst du zu Freunden, zu Einfluss, du gewinnst Gehör.

Religion verschafft dir eine Ausgangsposition, von der aus du dein Leben meistern wirst und zu Erfolg kommst.

Die Religion führt die Generationen zusammen, Familienprobleme sind spirituell lösbar. Im Lobe Gottes vereint, finden alle Harmonie.

Religion ist gesund, Gläubige leiden nachweisbar an weniger Krankheiten. Das Kreuz Jesu heilt, deine Leiden werden unnötig.

In der Kirche geht es immer gleich zu, es ist ein bisschen peinlich. Die gleichen alten Melodien, die gleichen Kirchenbänke und die gleichen Predigten. Amerikanische Starprediger machen den Job anders, sie setzen italienische Barocktrompeten und weichen Pop ein. Lange Gewänder wirken gut, starke Scheinwerfer sind nötig. Papst ist sehr gut, der polnische noch mehr als der deutsche, der sieht immer ein wenig verlegen aus. Noch besser der Dalai Lama oder wenigstens sonst ein Buddhist – mit Gong oder Klangschalen.

Man könnte das Geschäft der Religion wirklich in Schwung bringen, man muss nur wollen, es gibt extrem gute Werber.

2

Anderseits sind in unsern Bibelsätzen, die zunächst abschrecken, Erfahrungen enthalten. Die Sätze sind nicht vom Himmel gefallen, sie sind erfahrungsgesättigt. Jesus hat tatsächlich Streit ausgelöst. Die Mutter hat ihn nicht verstanden. Die Geschwister wollten ihn heimholen, sie wollten ihn wahrscheinlich vor sich selbst schützen, aber sie mussten ihn dazu ruhig stellen. Jesus hat sie zurückgewiesen. Später haben sie das offensichtlich verstanden, die Familie trug in der ersten Gemeinde seine Sache mit, aber erst später. Er hat Pharisäer aufgeregt. Er wurde auf die Probe gestellt. Er hat Widerstand geweckt. Er hat sich mit den Einflussreichen gerieben. Er muss lautstark die Verhältnisse angeprangert haben, die im Tempel im Schwange waren. Er hat sich nicht geschont. Am Ende musste er einen gewaltsamen Tod erleiden. Das hinderte nicht, dass er Freunde und Freundinnen fand. Dass er in den verschiedensten Häusern und auch draussen fröhliche Mahlzeiten feierte. Er muss ein glücklicher Mensch gewesen sein.

Er forderte seine Jünger. Viele liessen alles liegen, um ihm nahe zu sein. Als es dann in Jerusalem um Leben und Tod ging, verliefen sich die Jünger, Petrus verleugnete ihn, er wollte sich nicht zu erkennen geben als Freund des gefangengenommenen Aufrührers. Aber als der Hahn krähte, wurde Petrus so stark erschüttert, dass er mit seinem Tränenstrom alles wegschwemmte und zur Entschlossenheit zurückfand.

Eine Generation später machten sie wieder entsprechende Erfahrungen. Die Gemeinde des Matthäus, die das Evangelium erzählt bekommt, hört von lauter bekannten Widerfahrnissen. Die Juden mussten sich doch nach der Niederlage gegen das mächtige Rom, als der Tempel zerstört war, in den Synagogen-Gemeinden neu organisieren, sie schieden die Christusgläubigen aus. So verloren die jüdischen Christusanhänger ihr Heimatrecht. Da wurden Familienbande zerschnitten, wurde Vertrauen aufgekündigt, da waren viele auf sich gestellt und mussten neu wissen, was sie wollten. Verdächtigungen stellten sich ein, Gerüchte. Druck wurde ausgeübt. Sie durchlitten Trennungen. Aber unter Schmerzen fanden sie durch, fanden sie sich selbst, fanden ihre Würde.

3

Nicht Frieden zu bringen, sondern das Schwert: Man hat gesagt, dieses Jesuswort zeige, dass er eben doch eine Art Revolutionär gewesen sei. Andere, viele, sagten: Nein, überhaupt nicht, man muss das geistig verstehen, es ist ein innerlicher Kampf gemeint. Die Inquisition hat sich auch auf diese Stelle berufen und gesagt, in der Frage des Glaubens darf man nicht lax sein, die Ketzer müssen ausgerottet werden. In der reformierten Schweiz waren die Täufer die entsprechenden Opfer. In der ganz alten Zeit berief man sich auf die Märtyrer, die Männer und Frauen, die ihren Glauben mit dem Tod besiegelten, sie waren die grossen Zeugen, die Stützen, der Schatz der Kirche, sie hatten das Jesuswort vom Schwert und vom Kreuz erfüllt.

Über den ursprünglichen Sinn des Wortes sind sich heute, denke ich, die Kommentatoren einig. Am kürzesten macht das der Übersetzer Walter Jens begreiflich, so gibt er den Satz Jesu wieder: *Ich bin nicht gekommen, Frieden zu bringen. Ich bin mit dem Messer gekommen.*

Nicht mit einer Waffe zum Dreinhauen, sondern mit einem Instrument, um zu trennen, aufzutrennen. Nicht um zu töten, sondern um zu heilen, aber es handelt sich um eine Operation, sie kann sehr weh tun.

Hier schliessen wir noch einmal an, wie Paulus das, was Jesus mit einem starken Bild sagt, in seiner stärker gedanklichen Sprache nach Rom schreibt: *Passt euch nicht der Welt an.* Ich habe nachgeschlagen, wie das im lateinischen Neuen Testament klingt. Es heisst dort: Seid nicht konform, *nolite conformari.* Je nach persönlicher Veranlagung kann das für uns ganz attraktiv sein: Nonkonformismus. Wir müssen aber bedenken, dass der Druck der Familien und der Clans in den alten Zeiten viel wirksamer war als bei uns.

In unserer langen christlichen Geschichte ist mit dem Wort vom Schwert und vom Kreuz viel Selbstquälerei verbunden gewesen. Darum ist es ganz wichtig, dabei zu bleiben, dass es um den Gewinn des Lebens geht *(wer sein Leben gewinnen will ...)* und nicht um eine langsame Abtötung alles dessen, was Freude macht. Wir müssen lernen und dabei bleiben: Im wirklichen Leben gehen Gewinn und Verlust übers Kreuz. Das Leben ist eben kein Bankkonto, das langsam und stetig zunimmt Was wir so obenhin sagen: «Scherben bringen Glück!», das kann sehr tief reichen. Wir vergessen das immer wieder. Das Leben, das wirkliche, geht durch Brüche.

4

Heute ist es nicht mehr chic, der Kirche anzugehören, in den Gottesdienst zu gehen. Es ist in Basel schon fast eine eigensinnige Seltsamkeit, am Sonntagmorgen auf dem Kirchweg zu sein, die Jogger und die, die Hunde ausführen, und die Ausflügler und die Einkäufer am

Bahnhof haben bei weitem die Mehrheit. Die Nichtselbstverständlichkeit der Kirche wird wohl noch zunehmen.

Die Zeitungen veröffentlichen, wie wir wissen, sehr gern Umfragen. Jedes Jahr wird auf Neue festgestellt, welche Berufe Prestige haben, immer neu werden da Ranglisten aufgestellt. In meiner Jugend figurierten zuoberst die Pfarrer, die Geistlichen, wie das vornehm hiess. In den heutigen Listen kommt mein Beruf schon gar nicht mehr vor. Früher konnte man sich in die Synode wählen lassen, das war für einen jungen ehrgeizigen Politiker eine gute Möglichkeit, sich bekannt zu machen. Heute bringt das nichts. Es braucht eine originelle persönliche Bestimmtheit, sich als Protestant und Protestantin zu empfinden und so zu erkennen zu geben. Ich sage Ihnen meine Anerkennung, dass Sie das auf Ihre Weise ja tun!

5

Viele von uns, ich eingeschlossen, sind geprägt worden von der Vorstellung, dass Harmonie, eine gute Übereinstimmung ohne Konflikte, der wirklich wünschenswerte Zustand sei, zu dem wir nach Kräften beitragen sollten. Alles Anecken lieber vermeiden, den Ausgleich suchen, die Enttäuschungen schlucken, damit alle zufrieden sind. Es ist, glaube ich, nicht übertrieben, wenn ich sage, dass wir ein wenig harmoniesüchtig sind. Dafür bringen wir Opfer und weichen aus, und so entsteht eine Atmosphäre wie unter den Plastikplanen für Hors-sol-Tomaten, und unser Leben wird so: sieht schön aus und schmeckt fad.

Darum wollen wir die jungen Frauen loben, die den konfliktreichen Weg zu gehen versuchen, einen Beruf auszuüben und Kinder zu bekommen. Das geht nie glatt, aber das ist ein mutiger Versuch. Es gibt auch mutige Männer, nicht so viele, aber mir sind doch einige eingefallen, die sich beruflich zurücknahmen oder umorientierten, damit sie mehr Kraft haben für die, die ihnen nahestehen.

In meiner französischen Bibel lese ich: *qui aura assuré sa vie la perdra.* Unsere Suche nach Sicherheit, macht uns immobil, steif, das Lebendige entzieht sich uns. Darum: *qui perdra sa vie,* wer sich nicht schont, sein Leben, seine Kraft einsetzt, braucht, *qui perdra sa vie à cause de moi l'assurera. Der wird sein Leben erhalten.*

Wer es verliert um meinetwillen, heisst es, darüber müssen wir noch reden. So wie Jesus dreimal sagt, wer andere, die Nächsten, mehr liebe als ihn, sei seiner nicht wert. Der Gebrauch des Messers, die schmerzlichen Auftrennungen und das Kreuz tragen, das Nichtausweichen, das Einsetzen und die Konflikte annehmen: Das spielt sich alles ab im Glauben und im gewöhnlichen Leben, das kann auch für Atheisten und Skeptiker und Andersgläubige wahr sein. Die Glaubenserfahrungen sind nicht Erfahrungen anderer Sorte als die Lebenserfahrungen. Aber hier im Evangelium wird das streng und ausdrücklich auf Jesus bezogen. Das ist jedoch nicht irgendwie dogmatisch gemeint oder exklusiv oder urheberrechtlich geschützt. Es ist auf ihn bezogen, weil das seine Sicht ist, seine Gottesperspektive und seine Lebenserfahrung und Todeserfahrung und Schmerzerfahrung: dass da nicht etwas Tödliches allein einbricht, sondern eine ganz grosse Verwandlungskraft einsetzen wird.

Wir werden Jesu würdig, wenn wir uns dieser Verwandlungskraft irgendwie anschliessen, ob wir dem nun diesen oder einen andern Namen geben: Es ist das, was wir sagen: *Denn dein ist die Kraft und die Herrlichkeit in Ewigkeit,* nicht ist die Kraft unsere, sie kann uns entschwinden, und das tut weh, aber sie wird uns von der andern Seite aus zuströmen.

nimm uns die furcht vor schmerzen
die furcht vor uneinigkeit
die furcht vor dem kämpfen
nimm uns alle ängstlichkeit
unser zögern und ausweichen und verschieben
gib uns ein stück der bestimmtheit jesu
von seiner angriffigen sanftheit
an der wachstumskraft
an der herbstklarheit
gib uns anteil
und lass uns das nützen
damit die kraft kontur gewinnt unter uns
deine herrlichkeit uns überglänzt
und das versprechen deines reichs uns erfüllt
amen

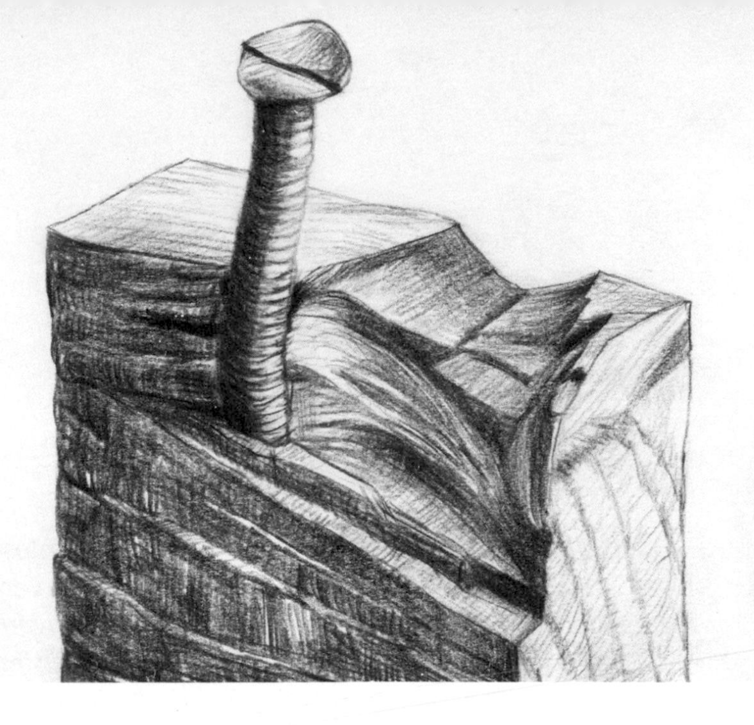

Die mehrdeutige Frage und die Doppelantwort

Matthäus 22,15–22

Damals kamen die Pharisäer zusammen und beschlossen, Jesus mit einer Frage eine Falle zu stellen. Sie veranlassten ihre Jünger, zusammen mit den Anhängern des Herodes zu ihm zu gehen und zu sagen: Meister, wir wissen, dass du immer die Wahrheit sagst und wirklich den Weg Gottes lehrst, ohne auf jemand Rücksicht zu nehmen; denn du siehst nicht auf die Person. Sag uns also: Ist es nach deiner Meinung erlaubt, dem Kaiser Steuern zu zahlen, oder nicht? Jesus aber erkannte ihre böse Absicht und sagte: Ihr Heuchler, warum stellt ihr mir eine Falle? Zeigt mir die Münze, mit der ihr eure Steuern bezahlt! Da hielten sie ihm einen Denar hin. Er fragte sie: Wessen Bild und Aufschrift ist das? Sie antworteten: Des Kaisers. Darauf sagte er zu ihnen: So gebt dem Kaiser, was dem Kaiser gehört, und Gott, was Gott gehört! Als sie das hörten, waren sie sehr überrascht, wandten sich um und gingen weg.

(Einheitsübersetzung der Heiligen Schrift)

Die kluge Antwort, mit der sich Jesus aus der Affäre zieht, ist berühmt. Vielleicht haben wir sie aber zu eng verstanden, als ob da einer den andern den Meister zeige. Es ist ein pfingstliches Wort, das die Konfrontation hinter sich lässt und weit aufmacht.

1

Ich fange mit dem ersten kleinen Wort an: damals.

In Rom herrschte vom Jahr 14 bis ins Jahr 37 Kaiser Tiberius. Er liess Münzen prägen, auf denen sein Kopf abgebildet war, die Schrift rund herum lautete: Kaiser Tiberius, des göttlichen Augustus Sohn, Augustus; der Name Augustus, den alle römischen Kaiser tragen werden, bedeutet: grossartig oder ganz hoch oder hochbegabt oder herrlich. In Judäa und Samaria muss jeder Bürger eine Kopfsteuer bezahlen wie in jeder Provinz, die unmittelbar Rom unterstellt ist. Galiläa hat einen einheimischen Fürsten, dort gelten andere Abgaben. Die Kopfsteuer erinnert die Juden jedes Mal an ihre direkte Abhängigkeit von Rom. An Steuerfragen sind in Judäa Aufstände losgebrochen. Dazu des Kaisers Kopf auf der Münze, nach der strengen Auffassung sind Abbildungen von Menschen unerlaubt, und im grossartigen Herrschertitel das Beiwort: «göttlich!», für die jüdische Religion ein Schlag ins Gesicht. Darum wurde die Frage gestellt: Sollen wir die Steuer bezahlen, dürfen wir das?

Damals: Es ist länger her, dass ich auf der Uni meine Ausbildung bekommen habe, seither hat man gelernt, die Frage nach dem Damals noch anders zu stellen. Nicht nur nach dem Damals, als Jesus wirkte, sondern auch nach dem Damals, als die Geschichte von seinem

Wirken aufgeschrieben wurde. Das geschah nach dem Jahr 70, nach dem Scheitern des jüdischen Aufstandes, als der Tempel verbrannt war und die römische Herrschaft feindseliger als je. Es gab keine Herodesanhänger mehr, keine Kollaborateure also, nur noch gedemütigte Besiegte. Den Pharisäern war das geistige Überleben der Judenheit zu verdanken. Sie retteten die religiöse Tradition, sie waren es, die jetzt um der Reinheit der Religion willen die christusgläubigen Juden aus der Synagoge ausschlossen. Darum avancierten die Pharisäer zu den grossen Gegnern, das waren sie für Jesus selbst in Wirklichkeit nicht gewesen, aber jetzt wurden sie gegen die Christusgläubigen unnachgiebig. Die Frage, die die Pharisäer zur Zeit des ersten Damals, zur Zeit Jesu stellten, war wohl eine ehrlich gemeinte Frage; Matthäus konnte im Jahr 70 die Frage nur feindlich verstehen.

2

Sie reden Jesus ehrerbietig an – oder heuchlerisch, so versteht das Matthäus: *Du bist wahr, du lehrst den Weg Gottes in Wahrheit.* Ursprünglich eine ehrliche Frage, aber eine verhängnisvolle, eine spalterische, wie der Gefragte auch entscheidet, er macht es für die einen oder die andern falsch. Die Anhänger des Herodes, des Vasallenkönigs, waren auf Kooperation mit Rom aus, sie mussten die Steuerpflicht selbstverständlich finden. Unter den Pharisäern aber gab es Sympathisanten für die Aufstandswilligen, das Imperium war ihnen ein Gräuel, die bewusste Münze erschien ihnen als Sakrileg, sie hätten es begrüsst, wenn Jesus zum Widerstand aufforderte.

Jesus unternimmt eine kleine Inszenierung. Er hat kein Geld in der Tasche. Sie sollen ihm eine Münze holen. Er nimmt sie aber nicht in die Hand, er fragt nur, was auf der Münze zu sehen sei. Der Kaiser! Er geht auf die Frager ein. Aber er demonstriert auch seine Distanz zu den Belangen der Besatzungsmacht. Doch ein Rigorist ist er nicht. Wenn ihr diese Münzen braucht, dann braucht sie auch für die Abgabe, die der Kaiser von euch eintreiben will. Er sagt: *Gebt dem Kaiser, was des Kaisers ist.* Und ungefragt setzt er hinzu, knapp, wirkmächtig: *und gebt Gott, was Gottes ist.*

3

In unserer protestantischen Vergangenheit ist laut darüber gepredigt worden, was man dem Kaiser schulde, wie man der Obrigkeit gehorchen müsse. Martin Luther hat damit angefangen. Die Bewegung der Wiedertäufer hatte ihn gleichsam links überholt; die Täufer rebellierten gegen die Steuern und das Armeewesen. Der Reformator fürchtete diesen Oppositionsgeist, er musste sich abgrenzen. Mit Luther begann die gewisse protestantische Willfährigkeit gegenüber dem Staat. So dass Kaiser Wilhelms Soldaten auf der Gürtelschnalle die Inschrift trugen: «Gott mit uns». Und so wenige Protestanten trauten sich gegen Hitler zu sein, weil er doch die Obrigkeit verkörpere, der man Gehorsam schulde. Das hat damit zu tun, dass man den ersten Teil von Jesu Antwort unterstrich *(gebt dem Kaiser, was des Kaisers ist)* statt den zweiten.

4

Man könnte sagen, dass Jesuswort zeige uns einen Kompromiss, wir sollten uns so viel wie nötig einordnen, aber darüber nicht vergessen, dass eigentlich alles von Gott kommt.

Schon wahr, müssen wir sagen: Wir heutigen Christen sind Kompromiss-Christen. Wir schliessen einen Kompromiss zwischen dem Vielerlei, was unsere Aufmerksamkeit fordert oder unsere Neugier, und der Notwendigkeit, uns zu konzentrieren. Gab es da nicht das starke Jesuswort, gesprochen zu den zwei Schwestern Maria und Marta: *Wenig ist notwendig oder nur eins!* Doch für so viele von uns sind immer zweiundzwanzig Sachen notwendig.

Man überzeugt uns, dass wir unseren Reichtum teilen müssen mit denen, die in der Dritten Welt arm und verzweifelt bleiben. Wir kaufen Max-Havelaar-Kaffee und spenden etwas für mission 21, aber dann lassen wir uns wieder fortreissen vom üblichen Kauf- und Verkaufsbetrieb.

Mein Pfarrerberuf ist und war ein ständiger Kompromiss. In der neusten Berner Kirchenzeitung wird Lukas Bärfuss interviewt. Bärfuss ist der Verfasser von beachteten Theaterstücken. Seine Familie war freikirchlicher Herkunft, er selbst ist skeptisch gegen alle Religion. Zwar sei ihr Einfluss zurückgegangen, aber er habe wenig gemerkt von einer liberalen Religiosität, die Pfarrer wollten doch lieber immer noch ihre eigne Meinung durchsetzen und die Leute beherrschen. Er erzählt, dass seine Familie sich sehr schwertat mit der Obrigkeit. «Zwingli war für meine Mutter der Inbegriff für die Vermischung von Politik und Religion. Ein Pfarrer, der vom Staat seinen Lohn bezieht: für meine Mutter war das undenkbar – besonders wenn dieser Pfarrer dann noch politisierte …! Als uns Pfarrer Leuenberger, im Nebenamt Thuner Gemeinderat, einmal besuchte, stellte ihn meine Mutter kurzerhand vor die Tür.»

Ich höre das Wort Jesu von den Füchsen, die ihre Gruben, und von den Vögeln, die ihre Nester haben, *der Menschensohn aber hat nicht, wo er sein Haupt hinlege,* und dann fallen mir die Pfarrhäuser ein, darunter dasjenige, das wir 24 Jahre lang bewohnt haben, das geräumige Bürgerhaus mit den zwei kegelförmigen Eiben davor, das wir so geliebt haben.

Der richtige vatikanische und solothurnische* Katholizismus ist sperrig, autoritär und charaktervoll. Ist unser Protestantismus einfach nur der besser eingefädelte Kompromiss?

5

Die Frage, aus Zwang und Unsicherheit geboren, hat gelautet: Wenn wir leben, wie wir leben, eingebunden ins Imperium Romanum wie alle, sollen wir dem Kaiser geben, was er verlangt, oder sollen wir ihm widerstehen? Jesus: Ihr macht mit, dafür müsst ihr einen Preis zahlen, zahlt ihn und versteht, dass das nicht alles ist! *Gebt Gott, was Gottes ist! was ihm gehört.* Was gehört Gott? Alles, was ihr empfangen habt, kommt von ihm («Alle gute Gabe kommt her von Gott, dem Herrn»): das Leben, die Sonne, die Liebe, das, was euch trägt, das alles bietet der Kaiser nicht.

* Solothurn ist Amtssitz des Bischofs von Basel.

Jesus nennt die Quelle, den Ursprungsort alles wirklich Wichtigen und Lebendigen «Gott». Viele Menschen drücken sich anders aus, sie sprechen vom Schicksal oder den Ressourcen, vielleicht auch von der Liebe oder einfach von der gegenseitigen Verantwortung. So kann man reden, das ist auch recht geredet. Aber wenn Jesus Gott sagt und wir mit ihm, ist das nicht einfach fromm geredet, sondern hat seinen deutlichen Sinn. Wir geben nämlich die Anschrift an für unsere Dankbarkeit, wir bezeichnen die Station, den Ort, den Namen, an den wir unsern Dank richten. Die Ressourcen oder die Menschheit oder die Verantwortung sind weniger deutliche Adressen. Wir wollen uns deutlich an diesen uns gegenüberliegenden Ort richten, uns auf ihn beziehen, ihm den Ehrennamen geben, wenn wir unsere Dankbarkeit fühlen, die Freude, unsere Verehrung für den wundervollen Zusammenklang des Lebens. Da ist auch der Ort, von woher wir unsere Pflichten herleiten, unsere Lebensaufgabe, die erst uns zu wirklich erwachsenen Menschen werden lässt. Und wir richten uns an diese Stelle, wenn der Zusammenklang ausbleibt, wenn es in unsern Ohren falsch tönt und unser Gemüt bitter ist: dann klagen wir und schreien dorthin. Alles, was Gottes ist, was von ihm ausgeht oder ausbleibt, wollen wir ihn fühlen lassen, die Fülle und das Leid.

Es könnte jemand einwenden, Jesus bestätige eine unangenehme Pflicht (sich den staatlichen Vorschriften unterzuordnen und zu bezahlen) und setze eine weitere und grössere dazu (sich Gott zu unterziehen), er bestätige den römischen Druck und verstärke den himmlischen. Und die grammatische Form seines Satzes bestätigt das scheinbar: *Gebt dem Kaiser, was des Kaisers ist, und Gott, was Gottes ist* – «gebt!», das ist nach der Grammatik Imperativ, Befehlsform. Das kommt aber daher, dass wir manchmal eine Aufforderung nötig haben nicht zur Ableistung verschiedener Pflichten, sondern damit wir uns in eine neue Freiheit und Weite einleben. Ein Weckruf und eine Einladung verlangen grammatisch gesehen die Befehlsform. Eine Heilungsanweisung oder die Aufforderung, ein Geschenk entgegenzunehmen: grammatisch Befehlsform! Wir folgen einfach der ungefragten Schöpferkraft Jesu und treten so ein in einen Raum von Dankbarkeit und Freude. Jesus bietet nicht einen Händlerkompromiss, halbehalbe, sondern verbindet Ungleichartiges und erzeugt damit eine Leichtigkeit.

6

Die Frager staunten. Wir haben gehört: *sie waren sehr überrascht.* Das klingt mir fast zu salopp, nein: *sie überkam ein Staunen.* Wir erlebten uns gefangen in unseren kleinen Kompromissen. In der Gesellschaft Jesu geht uns etwas Grosses und Mächtiges auf, als hätten wir bisher nur vor uns auf den Boden geblickt, aber nun zieht der blaue Himmel unsere Blicke in die Höhe und Weite.

Die Frage aus der Enge, die den gefragten Jesus hätte drücken können, hat er angenommen, er hat ungebeten etwas anderes dazu gesetzt, was alles verwandelt, den Blick, die Stimmung und die Begegnung. Mit seiner Souveränität spiegelt Jesus die Souveränität Gottes. Und zieht uns in diese Souveränität hinein, es ist eine sich mitteilende, anteilgebende Hoheit. Wir hätten im Leben allerhand Fragen zu stellen. Und es ist gut, wenn einer wagt zu fragen. Es gibt genug Leute, die das Fragen verlernt haben. Aber allein aus uns heraus kommen wir nicht dazu, die Enge unserer Fragen und Nöte aufzumachen. Erst das, was uns vom Göttlichen her ungefragt entgegenkommt, dieses Grosse verwandelt uns.

Wie sollen wir das nennen, was damit in uns erzeugt wird? Glaube oder Religion? Gottesfreude, Anfang des Himmelreiches! Weltliebe. Leichtigkeit.

du anderer geheimnisvoller ort
wohin wir gehören
urspung fremder naher
auf dich richten wir uns
weil unser gutes aus dir stammt
‹unruhig bleibt unser herz
bis es ruhe findet in dir›
nicht sind wir in uns selbst ruhend
keineswegs
so vieles fällt uns an
beschwert
zieht hierhin und dorthin und nach unten
hole uns gott
mach dich uns fühlbar
sei du der machtvolle
der ich aus mir selbst nicht sein kann
‹auf dich hin hast du uns geschaffen›
amen

Bibelübersetzungen

Die Schrift. Verdeutscht von Martin Buber gemeinsam mit Franz Rosenzweig, Neuausgabe 1997, verbesserte Auflage der neu bearbeiteten Auflagen von 1954/ 1955/1958/1962 © 1976/1978/1979 Gütersloher Verlagshaus, Gütersloh

Die Bibel. Einheitsübersetzung der Heiligen Schrift © 1980 Katholische Bibelanstalt Stuttgart

Herbert Haag – Katharina Elliger, «Wenn er mich doch küsste...». Das Hohe Lied der Liebe. Mit Gemälden von Marc Chagall, Solothurn-Düsseldorf [2]1995 © Patmos Verlag

Lutherbibel, revidierter Text 1984, durchgesehene Ausgabe © 1999 Deutsche Bibelgesellschaft Stuttgart

Fridolin Stier (Übers.), Das Neue Testament, Kösel-Verlag in der Verlagsgruppe Random House, München

Nachwort

Im vielstimmigen Chor derer, die zum Glauben anstiften, die Hoffnung wachhalten und die Liebe bezeugen, ist mir diese Stimme wichtig. Hans-Adam Ritter ist ein wacher und feinfühliger Zeitgenosse, der das Wort der Bibel ins Gespräch bringt mit meinem Denken und Fragen, meinem kleinen Alltag und den grossen Themen des Lebens, den Erfahrungen des Schrifstellers 't Hart, dem Einspruch des Philosophen Saner, der Suggestionskraft der Frau auf dem Werbeplakat. In diese Welt hinein sagt er ohne dogmatisches Pathos und ohne den Habitus dessen, der sich im Besitz der Wahrheit wähnt, was Evangelium hier und heute heissen und was es wirken kann. Als Predigthörer erfahre ich, wieviel Anregendes, Mutmachendes, Kräftigendes sich davon in die Woche mitnehmen lässt. Ich freue mich deshalb, dass Hans-Adam Ritter sich gewinnen liess, eine kleine Reihe seiner Predigten und Gebete zu drucken und so einem weiteren Kreis zugänglich zu machen.

Für grosszügige Druckkostenzuschüsse, die die Herausgabe dieser Texte ermöglichten, danken Autor und Herausgeber dem Kirchenrat der Evangelisch-reformierten Kirche Basel-Stadt und dem Kirchenvorstand St. Leonhard, Basel.

Basel, im Juni 2008 Beat Huwyler